ERSTE AUSGABE - Veröffentlicht 2022

Extra Grafikmaterial von: www.freepik.com
Dank an: Alekksall, Starline, Pch.vector, Rawpixel.com, Vectorpocket, Dgim-studio, Upklyak, Macrovector, Stockgiu, Pikisuperstar & Freepik.com Designers

Kostenlose Online-Spiele Entdecken

Hier Erhältlich:

BestActivityBooks.com/FREEGAMES

5 TIPPS FÜR DEN ANFANG!

1) LÖSUNG DER RÄTSEL

Die Puzzles haben ein klassisches Format :

- Die Wörter sind ohne Abstand, Bindetrich usw… versteckt
- Richtung : vor-& rückwärts, auf & ab oder in der Diagonale (beider Richtungen)
- Die Wörter können übereinanderliegen oder sich kreuzen

2) AKTIVES LERNEN

Neben jedem Wort ist ein Abstand vorgesehen zum Aufschreiben der Übersetzung. Um ihre Kenntnisse zu überprüfen und zu erweitern befindet sich am Ende des Buches ein **WÖRTERBUCH**. Suchen sie die Übersetzungen, schreiben sie sie auf, dann können sie sie in den. Puzzles suchen und ihrem Wortschatz hinzufügen.

3) ANZEICHNUNG DER WÖRTER

Haben sie schon einmal versucht eine Anzeichnung zu verwenden? Sie könnten zum Beispiel die Wörter, die schwer zu finden sind, ankreuzen, die Wörter, die sie lieben, mit einem Stern, neue Wörter mit einem Dreieck, seltene Wörter mit einem Diamant usw … anzeichnen

4) IHR LERNEN ORGANISIEREN

Am Ende dieser Ausgabe bieten wir auch ein praktisches **NOTIZBUCH** an. Ob im Urlaub, auf Reisen oder zu Hause, sie können ihr neues Wissen ganz einfach organisieren, ohne ein zweites Notizbuch zu benötigen!

5) SIND SIE AM SCHLUSS ?

Gehen sie zum Bonusbereich : **MONSTER-HERAUSFÖRDERUNG,** um ein kostenloses Spiel zu finden, das am Ende dieser Ausgabe angeboten wird !

Lust auf mehr Spaß und **Lernaktivitäten**? **Schnell und einfach :** eine ganze Spielbuchsammlung mit einem einzigen Klick erhaltbar :

Mit diesem Link finden sie ihre nächste Herausforderung :

BestActivityBooks.com/MeineNachsteWortsuche

Achtung, fertig, ... Los !!

Wussten sie, dass es auf der Welt ungefähr 7.000 verschiedene Sprachen gibt ? Wörter sind kostbar.

Wie lieben Sprachen und haben schwer daran gearbeitet, die Bücher von höchster Qualität für sie zu entwerfen. Unsere Zutaten ?

Eine Auswahl von angepassten Lernthemen, drei große Scheiben Spaß, dann fügen wir einen Löffel schwieriger Wörter und eine Prise seltener Wörter hinzu. Wir servieren sie mit Sorgfalt und ein Maximum an Freude, damit sie die besten Wortspiele lösen und Spaß am Lernen haben.

Ihre Meinung ist wichtig. Sie können aktiv zum Erfolg dieses Buches beitragen, indem sie uns eine Bemerkung hinterlassen. Sagen sie uns, was ihnen an dieser Ausgabe am besten gefallen hat !!

Hier ist ein kurzer Link, der sie zu ihrer Bewertungsseite führt

BestBooksActivity.com/Rezension50

Vielen Dank für ihre Hilfe und viel Spaß

Linguas Classics

```
法 一 陶 喜 ト ッ エ イ ダ 衛 グ 写 エ 書 撮
ラ び 絵 猟 興 ハ 喜 ネ 編 生 興 釣 ゲ 陶 ラ
味 興 ャ 撮 ハ ル 芸 感 ル レ ラ キ 影 ラ ジ
ン ー ン 園 狩 び 魔 染 ゼ ギ エ 喜 物 シ 影
病 院 マ ッ サ ー ジ リ シ エ ー レ 撮 ゼ 興
プ 画 パ 絵 真 味 り ゲ ス 撮 ギ エ ゼ 影 読
編 ル ゲ 猟 イ プ パ 味 レ ク ル 編 ク ー 画
編 編 法 重 法 ゼ ゼ ダ ト キ レ り パ リ グ
絵 園 ル さ 陶 味 ル パ ス エ 活 絵 真 読 画
リ 写 芸 魔 解 カ ロ リ ー 芸 ス ク レ 真 味
ク ダ ク 絵 剖 画 影 エ 影 写 ポ レ 画 ラ キ
び キ シ 画 学 伝 遺 活 法 陶 ー ビ 血 芸 絵
ズ 喜 撮 食 写 釣 パ ジ 読 ー ツ タ 寝 シ 品
影 画 エ 書 欲 興 び プ 絵 イ ゲ ミ る ン 動
ラ ル 読 プ ハ 興 ラ 病 気 元 ラ ン ジ ー ゲ
```

アレルギー	カロリー
解剖学	病院
食欲	病気
ダイエット	マッサージ
エネルギー	リスク
遺伝学	寝る
元気	スポーツ
重さ	ストレス
衛生	ビタミン
感染	

2 - Ozean

陶	ゼ	リ	ス	ポ	ン	ジ	ボ	狩	狩	イ	魔	ム	撮	う
魚	猟	塩	ク	ラ	ゲ	猟	フ	ー	リ	ル	ラ	ー	コ	な
レ	ジ	動	シ	陶	陶	ズ	ラ	シ	ト	カ	釣	キ	ゼ	ぎ
画	芸	ル	芸	リ	編	ズ	狩	ク	喜	喜	魔	撮	影	品
ゼ	ャ	編	み	び	編	リ	ク	興	陶	ャ	魔	鯨	レ	喜
ル	法	狩	ゼ	芸	り	影	レ	り	写	パ	書	活	味	園
パ	イ	ジ	ハ	園	ル	ル	写	真	シ	鮫	興	影	品	イ
動	ズ	書	グ	シ	プ	陶	ー	魔	ツ	ナ	興	狩	ゼ	ー
喜	び	写	読	潮	汐	味	狩	エ	法	写	猟	ダ	ダ	法
ゼ	ラ	写	影	画	み	狩	品	グ	ル	リ	法	影	ハ	波
味	喜	プ	ラ	園	狩	レ	読	動	ム	た	ク	エ	ゲ
活	撮	ゲ	園	画	キ	メ	書	プ	品	こ	魔	芸	ビ
ル	び	書	イ	編	カ	キ	影	グ	真	キ	編	ラ	書
嵐	ム	釣	パ	読	ニ	ラ	イ	写	ダ	レ	猟	ン	興
グ	レ	ル	釣	猟	ャ	リ	ゲ	キ	ク	シ	物	リ	ン

うなぎ	カニ
カキ	たこ
ボート	クラゲ
イルカ	リーフ
エビ	カメ
潮汐	スポンジ
コーラル	ツナ

3 - Krankheit

```
園 リ 健 リ ゲ グ ャ 狩 狩 陶 呼 興 絵 撮
慢 編 康 ャ パ 猟 心 臓 釣 シ 吸 園 ゼ 影
ャ 性 神 経 障 害 み 治 ン 編 り 器 画 動
味 一 猟 グ リ 喜 品 療 編 ダ ス ダ ジ 法
画 猟 リ 園 ハ プ 画 ダ レ ネ ー ハ 免 工
ズ 影 芸 物 影 キ 腹 部 ア レ ル ギ ー 疫
ン ゼ ー り 釣 芸 動 釣 影 動 ェ 読 喜 キ
ハ ン エ 陶 書 釣 活 パ ャ 影 ウ プ ル 影
イ ム 法 猟 み 品 み 写 陶 法 プ 伝 グ ン
狩 ハ 写 物 ム キ 猟 画 ゼ 弱 狩 染 ズ 影
釣 リ 物 エ イ 園 ャ イ 園 い 性 イ 影 シ
レ 写 ラ み 活 細 洞 法 品 ジ ハ 絵 体 キ
編 真 興 撮 園 菌 ダ 症 炎 ジ 喜 狩 釣 影
猟 写 ル 活 物 動 動 遺 候 釣 ー 興 興 影
狩 イ 骨 品 レ 芸 性 伝 遺 群 ル グ 編 魔 書
```

腹部	健康
アレルギー	心臓
伝染性	免疫
呼吸器	神経障害
細菌	弱い
慢性	症候群
炎症	治療
遺伝性	ウェルネス
遺伝	

4 - Meditation

```
ー グ パ り ハ ャ イ シ 姿 勢 リ ク ラ 呼 ー
ク 釣 ー 芸 キ 自 編 品 狩 ダ 法 画 ム 吸 受
書 魔 ス り ル 然 イ パ 猟 エ 法 イ ャ ム け
写 ー ペ ダ 活 興 エ 画 み 編 猟 エ ハ プ 入
ラ ゼ ク ハ ズ 読 び 法 み ゼ ム 絵 メ イ れ
品 活 ティ ハ 興 喜 ゲ 書 読 猟 ド ン タ イ マ
写 ゲ ィ エ ラ キ ラ 芸 注 パ 猟 狩 イ ル 読 ン
音 興 ブ パ ャ ー 沈 黙 意 撮 魔 イ ル ハ 動 き
び 楽 真 ク み 書 学 ぶ た め に り エ 撮 釣 キ
撮 芸 釣 味 ル 興 り ゃ 画 ラ 撮 ハ 芸 書
シ シ ン 編 親 レ イ 猟 物 釣 猟 ン 真 感
明 快 グ 法 読 切 法 ン 物 り エ 園 ゼ 謝
思 い や り み ゼ 写 法 び 撮 イ 平 考 真
ャ ゲ 画 品 法 写 法 釣 ル レ 和 影 編
物 り イ 教 え り ル 活 ゲ ャ ジ キ ズ 読 編
```

受け入れ　　　　　明快
呼吸　　　　　　　教え
注意　　　　　　　学ぶために
動き　　　　　　　思いやり
感謝　　　　　　　音楽
親切　　　　　　　自然
平和　　　　　　　パースペクティブ
思考　　　　　　　沈黙
メンタル　　　　　マインド
姿勢

5 - Archäologie

釣	書	ゼ	ャ	ダ	味	芸	ジ	オ	専	門	家	化	石	み
教	授	ズ	エ	陶	芸	園	狩	陶	ブ	び	リ	ズ	釣	絵
狩	興	キ	ハ	レ	絵	ム	動	プ	動	ジ	書	画	ク	シ
法	ゼ	法	活	品	狩	イ	ダ	喜	び	グ	ェ	ジ	パ	チ
シ	ー	釣	品	ル	狩	法	パ	イ	リ	画	魔	ク	ズ	ー
喜	レ	狩	パ	釣	狩	品	陶	び	芸	エ	書	絵	ト	ム
パ	グ	シ	画	グ	陶	ゼ	パ	陶	画	ズ	時	パ	キ	シ
ゲ	イ	子	孫	シ	ャ	ラ	園	ー	法	墓	品	代	遺	物
評	価	喜	ク	編	び	イ	写	骨	狩	品	プ	り	品	ジ
ハ	ジ	研	究	者	真	絵	み	法	動	絵	書	ジ	ゼ	シ
ダ	ル	真	物	ャ	ダ	編	ゲ	品	イ	狩	文	写	真	ミ
ゲ	物	陶	写	味	真	み	ズ	不	法	寺	明	リ	パ	ス
分	析	味	ハ	イ	撮	ゲ	ゼ	明	リ	品	ゼ	り	ジ	テ
物	ク	ル	プ	書	影	読	イ	芸	活	リ	リ	ダ	ャ	リ
読	ク	イ	ル	忘	れ	ら	れ	た	狩	ハ	物	ラ	読	ー

分析　　　　　　　子孫
評価　　　　　　　オブジェクト
時代　　　　　　　教授
専門家　　　　　　遺物
研究者　　　　　　不明
化石　　　　　　　忘れられた
ミステリー　　　　文明
チーム

6 - Gesundheit und Wellness #1

ラ	猟	怪	読	ホ	ス	局	薬	グ	物	動	釣	ル	み	撮
書	レ	我	習	慣	ル	狩	ズ	画	書	ダ	エ	物	味	画
編	ズ	ラ	狩	芸	イ	モ	エ	芸	ン	画	動	真	影	芸
び	り	び	狩	グ	ウ	ー	法	医	り	者	反	神	喜	陶
ジ	味	品	法	編	写	写	ョ	ン	撮	射	経	ダ	ハ
イ	高	さ	ジ	リ	び	ハ	シ	陶	骨	折	影	ル	真
品	パ	釣	動	ハ	プ	影	ー	書	飢	餓	ダ	ズ	読	ハ
ア	ク	ティ	ブ	グ	猟	ゼ	シ	編	法	狩	園	レ	真
ク	み	影	園	画	読	魔	ク	細	ル	興	編	動	グ	読
ゲ	園	園	味	ゲ	ジ	ー	ラ	菌	み	ム	編	動	ム
興	レ	読	シ	画	ハ	釣	リ	ゼ	ダ	釣	味	法	写	シ
陶	キ	真	ー	ル	陶	園	陶	ル	陶	芸	陶	喜	グ
狩	エ	グ	ム	ー	ハ	キ	ゼ	骨	グ	ズ	魔	ク	読
ン	ル	ズ	肌	ジ	園	品	ム	び	診	療	所	動	絵	読
筋	肉	ゼ	ー	写	撮	ャ	み	ジ	動	絵	治	影	プ	グ

アクティブ
薬局
医者
細菌
リラクゼーション
骨折
習慣
ホルモン
高さ

飢餓
診療所
筋肉
神経
反射
治療
怪我
ウイルス

7 - Obst

```
ム ブ エ 影 陶 バ 陶 プ プ 喜 物 キ パ 画 エ
桃 写 ラ ツ パ 影 ナ 書 パ 芸 み ウ イ み ア
リ ラ 撮 ッ 陶 パ ナ パ ル 味 イ ナ レ プ リ
ネ 猟 レ ナ ク り キ 活 イ 影 ム ジ ッ ジ コ
ゼ ク 梨 コ 活 べ 写 編 ヤ メ ロ ン プ プ ッ
園 プ タ コ ク ム リ 魔 エ イ レ ル 読 ッ ト
葡 萄 釣 リ パ 魔 ハ ー 写 読 陶 オ プ キ 芸
ラ ア 釣 法 ン 編 絵 ダ グ 法 エ リ 興 ゼ リ
リ ボ 芸 ズ 動 び 物 法 グ 影 品 画 ア ャ 陶
物 カ り ラ レ モ ン 興 狩 魔 キ 興 興 リ 物
狩 ド ル ズ ジ 真 読 真 写 狩 シ ラ 狩 ラ ダ
ク レ レ べ 陶 梅 シ 読 ベ リ ー 釣 撮 レ 芸
編 ン リ リ 喜 ダ 物 読 ゼ 画 ゼ ャ イ 芸 興
ズ 撮 み ー ャ 影 猟 チ ェ リ ー 陶 物 魔
味 ズ 動 書 シ ジ 絵 ゲ ル ゲ ャ 魔 ク リ
```

パイナップル	キウイ
アップル	ココナッツ
アプリコット	メロン
アボカド	ネクタリン
バナナ	オレンジ
ベリー	パパイヤ
ブラックベリー	葡萄
ラズベリー	レモン
チェリー	

8 - Universum

ゲ	み	書	パ	読	写	釣	望	ム	ダ	魔	み	読	釣	プ
ク	び	至	点	ク	影	イ	遠	物	写	味	ゲ	活	シ	陶
闇	ク	活	写	読	ジ	影	鏡	読	陶	リ	ダ	り	経	狩
芸	リ	絵	ム	影	陶	品	味	編	撮	読	ル	リ	度	喜
興	レ	コ	ム	パ	ダ	書	ジ	撮	真	釣	絵	ー	活	緯
喜	ゼ	ズ	陶	品	影	目	編	編	ジ	味	書	ー	撮	品
パ	真	ミ	魔	シ	陶	パ	に	ラ	パ	り	ゲ	影	園	活
園	ズ	ッ	ハ	品	ハ	天	写	見	イ	プ	イ	味	銀	み
プ	ム	ク	雰	エ	体	ゼ	画	え	プ	ン	活	河	ン	園
ル	陶	ッ	興	芸	パ	園	品	興	る	画	空	園	シ	
プ	影	ア	陶	画	気	ゼ	味	魔	地	ゲ	イ	銀	月	
シ	画	ィ	活	興	軌	園	法	魔	平	天	文	学	書	
撮	活	デ	小	ゼ	道	り	り	写	線	グ	読	動	エ	
半	球	ゾ	惑	リ	赤	パ	狩	ム	ダ	写	ゼ	画	パ	
ハ	影	リ	星	画	天	文	学	者	魔	読	び	陶	ー	パ

小惑星	地平線
天文学者	コズミック
天文学	経度
雰囲気	軌道
赤道	目に見える
緯度	至点
銀河	望遠鏡
半球	ゾディアック
天体	

9 - Camping

り	ク	ジ	動	カ	ル	編	キ	陶	プ	影	パ	び	ラ	動
キ	物	レ	エ	撮	ヌ	陶	び	ゃ	猟	ク	ッ	モ	ン	ハ
写	法	園	陶	ラ	品	ー	み	真	ビ	ト	絵	物	タ	編
撮	リ	プ	猟	絵	ズ	リ	ム	シ	魔	ン	ラ	び	ン	湖
真	パ	ラ	ゲ	猟	リ	冒	エ	猟	園	テ	ロ	ー	プ	芸
コ	魔	猟	法	ジ	興	ゃ	険	画	ク	月	ハ	狩	品	ゲ
ン	火	キ	プ	リ	プ	書	ゲ	パ	喜	物	パ	影	パ	狩
パ	法	り	活	ル	ン	び	味	ン	陶	レ	ゲ	絵	び	猟
ス	ャ	園	ズ	画	グ	シ	味	魔	イ	影	パ	園	ー	活
ズ	法	ジ	ジ	喜	画	び	ラ	エ	び	読	ジ	ラ	ン	ン
エ	猟	喜	釣	ゲ	ズ	ラ	ゼ	帽	子	り	ジ	釣	ク	ダ
ダ	み	エ	自	味	影	喜	法	猟	み	ゼ	地	編	ク	ゼ
プ	品	影	然	読	園	魔	物	編	森	グ	図	り	キ	ン
楽	し	い	動	昆	虫	エ	書	絵	味	り	品	ハ	動	物
レ	撮	魔	読	ゲ	陶	パ	ゲ	法	魔	山	興	釣	り	ゲ

冒険	コンパス
ハンモック	ランタン
帽子	自然
昆虫	ロープ
狩猟	楽しい
キャビン	動物
カヌー	テント
地図	

10 - Zeit

法	喜	未	来	ル	リ	イ	狩	活	写	狩	キ	ク	世	書
ン	び	レ	読	ハ	び	今	日	シ	法	ズ	影	撮	紀
狩	ジ	ル	エ	興	イ	ズ	活	興	後	レ	ャ	園	通	年
真	シ	陶	芸	ル	ダ	カ	レ	ン	ダ	ー	ハ	り	イ	十
レ	ャ	写	魔	ム	朝	ゼ	撮	ラ	ラ	び	び	動	プ	味
パ	物	ズ	ダ	活	昼	品	ラ	イ	味	真	ダ	エ	エ	画
ャ	品	狩	猟	猟	ー	ズ	編	エ	み	陶	狩	プ	ャ	み
間	影	今	分	釣	ム	ジ	真	り	ジ	動	ゼ	園	ン	猟
時	昨	週	エ	物	ク	月	イ	エ	び	ャ	ル	撮	園	ー
計	日	物	喜	法	ゲ	園	り	ン	レ	ン	読	ル	撮	狩
ル	物	狩	園	興	エ	狩	ャ	ム	ル	画	ク	品	陶	ら
魔	動	品	喜	ハ	リ	喜	パ	ン	ゼ	前	ダ	真	書	び
活	レ	り	パ	み	物	魔	園	画	園	物	リ	釣	ダ	書
ラ	ー	エ	年	エ	陶	ラ	キ	写	ャ	ー	味	ン	真	ー
ハ	釣	猟	み	グ	ム	り	夜	ハ	芸	絵	レ	日	ー	グ

昨日　　　　　　　　　カレンダー
今日　　　　　　　　　時間
世紀　　　　　　　　　時計
十年　　　　　　　　　未来
通年

11 - Säugetiere

イ	ハ	び	ン	虎	鯨	ダ	味	味	興	園	ム	物	ゼ	ル
猟	ン	り	パ	り	法	キ	リ	ン	シ	興	ジ	ク	ル	ゲ
コ	ヨ	ー	テ	レ	ハ	物	活	動	マ	び	品	味	キ	ゲ
リ	読	み	動	画	撮	狩	犬	ク	ウ	み	グ	喜	キ	興
シ	物	み	編	動	ラ	猿	魔	レ	マ	猟	編	興	編	パ
リ	カ	興	猟	物	エ	キ	リ	物	編	品	撮	び	魔	読
キ	魔	ン	イ	ジ	編	編	書	ー	猟	味	釣	熊	芸	物
狩	真	猟	ガ	ビ	ー	バ	ー	園	キ	味	ズ	パ	ラ	編
ク	ン	撮	陶	ル	リ	写	ム	喜	真	イ	キ	物	ラ	動
書	ラ	ゼ	リ	レ	ー	動	ラ	り	動	味	ラ	リ	ゴ	味
パ	ャ	パ	画	り	影	ャ	馬	ン	プ	猟	イ	編	喜	ハ
ク	法	狼	ン	写	み	真	ネ	味	ル	喜	オ	狩	猟	プ
編	リ	シ	リ	物	画	キ	シ	ズ	ー	サ	ン	パ	象	魔
プ	羊	法	編	ン	狩	法	ゼ	興	ミ	ズ	レ	ブ	園	芸
レ	ラ	ラ	リ	シ	撮	り	活	法	狐	動	魔	ル	ム	レ

ビーバー	ライオン
キリン	パンサー
ゴリラ	ネズミ
カンガルー	ブル
コヨーテ	シマウマ

12 - Algebra

園 ジ 物 プ 番 ゼ エ キ 興 偽 び プ マ 和 ク
プ 活 物 エ 号 釣 ー キ び キ 陶 ム ン 魔 題
ズ 撮 ジ 園 び 園 撮 エ 動 ク び 喜 リ 問 題
興 ハ パ ャ 園 芸 エ 味 パ グ イ エ ッ ル 動
解 式 ラ ダ 釣 喜 ン 動 編 リ グ シ ク レ 画
決 画 線 形 狩 ム び ャ 動 影 ハ 喜 ス ゼ ロ
リ ダ 真 無 画 ク エ レ び ジ ー 分 数 指 イ
味 影 イ み 限 書 シ 方 程 式 読 喜 変 グ 物
陶 ジ 味 画 興 撮 芸 動 エ 園 イ グ 興 シ 活
活 み ン プ ズ ラ プ 絵 書 量 芸 ラ エ 書 活
パ 読 ズ 芸 減 算 ク 陶 シ び ジ フ シ ゼ 興
狩 狩 喜 狩 ラ ゼ 活 み ハ み ム 芸 影 ラ ゲ
狩 単 興 写 ー 編 レ 真 ゲ 陶 ー シ 狩 ム 活
ダ 純 因 ハ ゲ ン 魔 ハ 編 ゲ ダ ク 芸 芸 ム
魔 化 釣 子 み 画 ハ 動 び 喜 ー 書 図 読 興

分数	ゼロ
指数	番号
因子	問題
方程式	減算
グラフ	無限
線形	変数
解決	単純化
マトリックス	

13 - Diplomatie

び	キ	パ	顧	ゲ	物	グ	エ	ラ	リ	画	読	興	み	ハ
狩	画	者	問	ズ	読	ム	協	写	キ	ー	シ	読	読	ゼ
ダ	読	義	ズ	り	ダ	レ	カ	ダ	書	狩	読	言	興	語
外	陶	主	安	全	み	み	リ	ゼ	撮	イ	プ	物	言	キ
プ	国	道	パ	撮	り	プ	イ	ゼ	興	ジ	イ	法	工	キ
り	プ	人	魔	猟	り	釣	コ	ミ	び	ニ	ティ	編	物	画
活	び	写	パ	条	イ	書	キ	ュ	ニ	喜	り	真	法	影
動	物	書	び	約	書	グ	ジ	パ	正	義	園	エ	ク	ク
興	ゼ	ル	興	編	プ	議	魔	ズ	義	倫	真	園	プ	み
活	動	ラ	陶	ゼ	リ	読	論	法	パ	読	理	法	み	園
ン	ャ	物	釣	治	イ	大	物	対	キ	編	ゼ	猟	性	活
ー	イ	品	び	興	真	大	園	民	立	喜	園	性	魔	喜
外	編	ク	興	撮	写	使	市	編	リ	ジ	法	整	レ	レ
キ	交	ラ	品	解	び	園	民	味	ャ	合	猟	み	絵	絵
ラ	レ	撮	ゲ	決	クン	キ	真	読	キ	レ	性			

Word list

14 - Astronomie

ン	ラ	品	園	空	ゾ	宇	超	新	星	彗	ロ	望	猟	ン
天	活	ー	ル	画	デ	宙	ン	撮	衛	み	ケ	遠	魔	編
文	動	味	編	撮	ィ	飛	味	ハ	画	エ	ッ	鏡	品	芸
学	グ	ャ	品	ア	行	星	ム	イ	読	ト	ン	魔	写
者	狩	動	ラ	ッ	士	ン	雲	び	び	ジ	編	ハ	パ
喜	品	太	陽	ャ	ク	リ	味	月	エ	読	絵	宇	イ
喜	地	球	活	シ	ダ	活	絵	芸	味	グ	品	法	宙	リ
書	ン	ぜ	み	品	法	画	レ	法	喜	ゲ	猟	ル	り
釣	ル	陶	写	ダ	ラ	り	小	法	活	陶	ャ	陶	絵
ン	釣	品	エ	ル	り	ク	惑	リ	ラ	編	ン	品	ゲ
芸	シ	書	撮	芸	園	ル	星	法	ン	狩	流	星	ク
ジ	狩	ゼ	パ	ャ	星	座	レ	み	リ	ゼ	園	レ	陶	ジ
レ	ゲ	ー	書	動	品	活	ル	ゼ	味	喜	び	園	リ	影
喜	猟	芸	真	撮	読	画	編	リ	陶	動	ラ	法	惑	芸
天	文	台	ゲ	喜	法	影	陶	物	キ	編	真	ン	星	り

小惑星	惑星
宇宙飛行士	ロケット
天文学者	衛星
地球	太陽
彗星	超新星
星座	望遠鏡
流星	ゾディアック
星雲	宇宙
天文台	

15 - Ballett

工	書	魔	真	ク	法	ズ	品	猟	釣	リ	み	ジ	写	グ
表	み	イ	法	法	び	イ	ー	ム	ハ	ハ	パ	ゼ	ャ	シ
現	オ	ズ	釣	リ	動	味	狩	リ	魔	レ	芸	狩	真	ゲ
力	品	ー	ゼ	グ	ズ	エ	ジ	興	品	魔	術	ゼ	喜	ン
豊	品	撮	ケ	練	習	ム	書	陶	パ	み	的	振	ダ	ー
か	芸	絵	影	ス	バ	レ	リ	ー	ナ	ラ	魔	り	ゼ	書
な	動	筋	芸	影	法	ク	ゼ	リ	ゲ	魔	付	イ	ン	ジ
品	び	肉	書	魔	ム	ラ	ン	猟	強	撮	ャ	け	釣	ジ
ス	ゲ	プ	ン	ム	プ	レ	絵	イ	度	キ	魔	工	写	狩
キ	キ	ル	ー	び	プ	釣	狩	り	写	真	ー	イ	イ	編
ル	り	画	興	ル	技	術	書	魔	狩	パ	絵	物	魔	ル
リ	ハ	ー	サ	ル	音	楽	ム	法	ス	品	園	猟	ソ	ロ
動	プ	猟	レ	味	撮	絵	魔	び	ズ	タ	作	曲	家	り
ジ	園	撮	ラ	画	ャ	園	撮	物	影	グ	イ	ャ	活	ダ
品	喜	品	ダ	ン	サ	ー	ャ	チ	ス	ェ	ジ	ル	拍	手

拍手	筋肉
表現力豊かな	オーケストラ
バレリーナ	練習
振り付け	リハーサル
スキル	リズム
ジェスチャー	ソロ
強度	スタイル
作曲家	ダンサー
芸術的	技術
音楽	

16 - Geologie

```
リ ズ 編 び ー ル 陶 写 書 筍 石 乳 鍾 狩 み
ラ 画 キ み グ 間 ハ 興 物 ゼ 化 英 画 り ハ
ゲ 法 り ク 影 欠 ン 酸 り 法 グ 陶 工 狩 エ
真 猟 ズ 興 書 泉 釣 猟 編 ー パ ゲ 味 味 書
イ ル 芸 ラ 魔 狩 ダ エ キ 読 ム 魔 魔 喜
釣 パ 味 魔 ム み ラ 魔 ャ イ パ 溶 ル 大
火 ク び ゼ 塩 興 釣 侵 食 品 喜 岩 ハ 陸
山 ク シ パ 撮 味 釣 び ジ み 法 ズ 撮 ャ ゼ
高 カ び 読 陶 ム 猟 シ 喜 ン 洞 窟 編 び 物
原 グ ル 園 キ イ ン 狩 撮 地 震 活 読 ル 釣
び 魔 ラ シ 動 画 パ 興 編 影 ゼ 陶 書 び エ
レ 陶 ネ パ ウ ハ み ジ ン ー ゾ ル 写 動 エ
グ 読 ミ 撮 エ ム 猟 ダ テ プ 真 工 陶 み ン
編 ゲ 喜 イ ゲ コ ー ラ ル 物 撮 び イ ム 物
ル パ ク 石 ジ ー 興 り モ ゼ 物 影 狩 喜 喜
```

地震	溶岩
侵食	ミネラル
化石	高原
モルテン	石英
間欠泉	石筍
洞窟	鍾乳石
カルシウム	火山
大陸	ゾーン
コーラル	

17 - Wissenschaft

陶	み	リ	物	理	学	原	ゼ	芸	粒	子	エ	真	芸	ク
ゲ	自	然	ズ	真	法	子	ム	ミ	ネ	ラ	ル	ー	重	カ
レ	キ	猟	ラ	り	狩	写	狩	ン	化	ラ	ゼ	分	ャ	ズ	シ
興	グ	ゼ	レ	品	味	び	パ	者	学	科	ハ	子	ラ	シ
レ	み	興	リ	狩	ラ	読	ラ	真	薬	イ	化	石	プ	喜
り	園	魔	物	イ	プ	パ	動	エ	品	研	究	室	プ	読
画	写	ゲ	釣	み	陶	み	編	エ	ン	ダ	ム	影	ク	影
植	ゼ	芸	ャ	動	生	物	ム	イ	園	興	写	品	験	物
ラ	物	進	化	園	真	物	リ	ャ	興	絵	喜	事	実	シ
気	候	デ	陶	画	ム	パ	エ	書	リ	画	ャ	動	ル	ジ
絵	方	プ	ー	画	ク	芸	撮	猟	ゲ	ダ	魔	ャ	ル	品
芸	び	法	魔	タ	エ	芸	ル	ン	エ	み	仮	説	ル	興
写	ダ	エ	味	猟	び	魔	エ	写	ム	真	ジ	読	ラ	リ
撮	品	興	動	編	ジ	ハ	魔	活	プ	り	味	リ	芸	影
イ	陶	グ	品	釣	リ	レ	ラ	ル	ハ	活	書	グ	ズ	狩

原子	ミネラル
化学薬品	分子
データ	自然
進化	生物
実験	粒子
化石	植物
仮説	物理学
気候	重力
研究室	事実
方法	科学者

18 - Bildende Kunst

ク	書	パ	ハ	読	ダ	喜	リ	リ	芸	み	動	ラ	炭	魔
撮	グ	ク	影	ル	編	喜	活	ラ	芸	り	ズ	ジ	興	キ
物	ダ	絵	猟	ダ	ブ	ィ	テ	ク	ペ	ス	ー	パ	ハ	喜
び	ジ	画	映	味	影	法	ム	ー	レ	ン	パ	真	読	構
イ	ー	ゼ	喜	キ	ハ	ク	ョ	シ	品	喜	創	陶	成
真	ー	ス	ニ	ワ	ク	ク	編	チ	シ	キ	ジ	造	り	読
ア	園	ラ	テ	ン	パ	物	ズ	リ	絵	猟	活	性	シ	芸
ダ	ー	品	シ	ン	ハ	園	喜	品	味	パ	ム	建	イ	写
興	ャ	テ	パ	ズ	シ	ャ	釣	真	動	傑	作	築	ャ	陶
猟	影	び	ィ	ク	味	ル	物	動	物	撮	影	読	レ	動
影	撮	陶	ル	ス	グ	イ	喜	ャ	動	編	撮	ー	味	猟
ン	レ	品	り	ダ	ト	ン	編	真	猟	レ	ハ	り	魔	魔
グ	ジ	絵	猟	読	リ	キ	プ	鉛	ラ	ハ	猟	ジ	釣	魔
写	真	狩	グ	ャ	魔	粘	土	筆	活	ワ	ッ	ク	ス	み
ラ	ゼ	ポ	ー	ト	レ	ー	ト	み	猟	絵	味	彫	刻	ジ

建築 パースペクティブ
鉛筆 ポートレート
映画 ステンシル
写真 彫刻
絵画 イーゼル
創造性 ペン
チョーク 粘土
アーティスト ワックス
ワニス 構成
傑作

19 - Mythologie

```
ラ 狩 戦 画 雷 魔 法 の 天 原 嫉 園 写 興 文
災 害 士 芸 り リ ラ ラ 国 型 妬 喜 読 ン 化
写 興 ダ エ 物 ダ 影 ビ ー 活 読 喜 書 び ダ
ズ リ ラ 撮 プ 狩 絵 リ ル 狩 ャ 狩 興 読 パ
真 プ 絵 喜 活 プ キ ン 品 ゲ ゼ 画 グ 読 真
リ 物 書 猟 書 ゲ ン ス ム ゼ ダ 絵 猟 狩 パ
キ 陶 真 ン ゲ ラ 魔 書 ダ ゼ 作 書 写 芸 法
魔 ラ ャ ズ リ ラ ル エ ゼ レ 成 生 き 物
ジ 味 園 プ 猟 陶 み 絵 ダ ゼ ヒ エ グ ジ ラ
モ エ プ 活 ー 書 み 品 陶 芸 ー 撮 動 陶 パ
陶 ー 味 読 エ ラ 撮 編 真 画 ロ シ び 影 ル
不 死 タ 動 ラ 興 狩 興 狩 ー 書 芸 パ リ
編 釣 狩 園 興 パ 法 ン ゲ り 復 強 イ エ
ー ゼ ダ 編 稲 ャ 真 ル ダ 伝 讐 行 さ レ
キ エ エ 品 妻 モ ン ス タ ー 説 品 動 り ー
```

原型
稲妻
嫉妬
ヒーロー
天国
災害
作成
生き物
戦士
文化

ラビリンス
伝説
魔法の
モンスター
復讐
強さ
モータル
不死
行動

20 - Restaurant #2

猟 芸 魔 ス 釣 真 ム ー 写 写 ズ 喜 野 物 レ
ス ー プ プ 物 ー 興 釣 猟 喜 喜 撮 撮 菜 喜
ジ タ ラ ー イ 活 喜 読 ー プ 影 品 法 喜
撮 イ 猟 ン 真 動 飲 料 リ ズ り び 絵 喜 真
魚 エ ジ 絵 水 ハ 絵 狩 み 編 イ 写 ム 動 ー
り ウ ム み パ 園 塩 撮 活 活 ハ リ み 真 ラ
麺 パ 撮 撮 書 猟 ゼ 美 味 影 し リ 芸 ン
夕 画 ハ プ 味 絵 画 シ 活 影 ラ 狩 写 プ チ
食 イ 画 園 サ 活 書 ャ 絵 影 ー 画 フ プ 絵
ズ 画 び 法 ラ 編 シ 園 ン エ ジ ラ ル イ ー
真 キ 喜 活 ダ 魔 ク プ 動 写 ゲ キ ー 味 読
ケ ー キ 物 リ 釣 ハ ム 真 活 ズ ス ッ パ ゼ
狩 ム グ 写 ャ 魔 ラ パ 撮 ラ 画 パ 品 活 読
フ ォ ー ク 影 椅 子 真 写 活 法 イ 前 陶 ム
撮 芸 法 画 狩 び 氷 喜 グ シ イ ス 菜 興 書

夕食	ケーキ
フルーツ	スプーン
フォーク	ランチ
野菜	サラダ
飲料	椅子
スパイス	スープ
ウェイター	前菜
美味しい	

21 - Ökologie

シ	パ	釣	コ	物	植	ゼ	生	撮	ャ	興	陶	パ	イ	陶
キ	ン	ズ	芸	ミ	真	生	息	読	ラ	リ	シ	読	ゲ	喜
魔	味	喜	イ	魔	ュ	撮	地	読	芸	ラ	レ	影	法	イ
ボ	ラ	ン	ティ	ア	ニ	園	山	画	持	ク	芸	ャ	活	動
シ	ー	リ	ム	レ	味	ジ	テ	撮	猟	ク	続	ゼ	ジ	動
品	ロ	グ	ロ	ー	バ	ル	レ	ィ	リ	キ	法	可	興	物
ク	フ	法	ズ	園	ラ	釣	品	多	様	性	猟	ー	能	相
品	撮	ム	ダ	気	ク	喜	芸	ル	ン	ズ	釣	書	釣	び
読	釣	書	芸	候	リ	ー	ハ	エ	真	ム	撮	品	活	編
シ	法	り	生	存	ソ	法	芸	プ	芸	ハ	ゼ	プ	影	活
パ	動	写	旱	魃	ー	ズ	品	園	自	物	興	ハ	パ	ク
ン	リ	マ	動	プ	ス	ズ	ャ	芸	然	興	ハ	ジ	活	ン
釣	リ	ー	シ	喜	ダ	陶	喜	プ	イ	読	エ	芸	芸	ク
ム	種	シ	興	読	芸	園	魔	ー	画	釣	み	グ	編	り
キ	活	ュ	リ	ジ	味	撮	キ	物	ナ	チ	ュ	ラ	ル	プ

旱魃	持続可能
動物相	自然
フローラ	ナチュラル
ボランティア	植物
コミュニティ	リソース
グローバル	マーシュ
気候	生存
生息地	植生
マリン	多様性

22 - Schokolade

味	ゲ	ズ	渇	キ	ズ	ル	画	狩	読	ャ	ル	興	芸	レ
ン	ゼ	リ	望	イ	絵	活	ダ	み	影	ラ	プ	読	レ	ラ
読	ラ	ゼ	猟	ー	キ	甘	い	味	ム	品	ム	活	ダ	プ
魔	園	り	エ	キ	ゾ	チ	ッ	ク	職	質	狩	ー	真	ズ
り	ム	ー	猟	猟	動	苦	い	影	ム	人	ラ	酸	物	読
リ	ラ	り	カ	レ	シ	ピ	お	真	物	ラ	ピ	化	ャ	イ
陶	プ	ャ	撮	カ	魔	書	気	ダ	み	園	ー	防	パ	シ
ゲ	魔	ハ	キ	釣	オ	ジ	に	み	興	ー	ナ	止	み	狩
レ	写	み	美	喜	興	ン	入	グ	パ	リ	ッ	剤	書	パ
ム	香	ム	味	リ	レ	撮	り	ダ	ジ	ロ	ッ	真	物	グ
味	り	園	し	み	真	シ	釣	み	書	カ	ッ	動	プ	動
興	み	ゼ	い	物	ハ	み	ラ	陶	パ	ラ	ナ	成	分	ラ
真	猟	活	読	砂	ク	画	パ	り	キ	メ	コ	ゼ	パ	リ
り	ラ	品	エ	糖	パ	物	ダ	み	ー	ル	コ	喜	喜	喜
読	パ	ラ	粉	活	ー	画	絵	レ	真	り	影	リ	編	パ

酸化防止剤	カラメル
香り	ココナッツ
苦い	美味しい
ピーナッツ	品質
エキゾチック	レシピ
お気に入り	甘い
職人	渇望
カカオ	砂糖
カロリー	成分

23 - Boote

ロ	レ	ム	釣	リ	ハ	陶	写	陶	喜	ク	ル	ー	物	レ
ー	ー	カ	ン	ア	品	園	プ	喜	活	レ	カ	リ	ル	イ
魔	動	プ	陶	興	パ	ダ	ズ	ゲ	法	釣	ィ	エ	マ	キ
編	ム	書	絵	湖	み	釣	み	編	ハ	ン	テ	フ	ス	書
い	か	だ	芸	釣	セ	読	シ	ム	編	エ	ー	エ	ト	ズ
イ	レ	エ	ゼ	ャ	ー	物	ダ	喜	ン	エ	ノ	ン	海	洋
ヨ	り	ハ	興	味	ラ	ド	ッ	興	カ	写	ジ	ン	ゼ	釣
写	ッ	物	編	猟	ー	ャ	興	ゲ	ヌ	ル	ン	ル	ジ	ジ
ジ	ル	ト	陶	び	ル	猟	カ	ー	ム	ム	ズ	プ	ゲ	ゲ
味	狩	ム	ン	潮	画	狩	法	ヤ	影	ズ	シ	ャ	パ	ジ
ー	ラ	編	画	画	ム	写	ム	ッ	品	味	り	ゼ	グ	画
法	キ	写	魔	狩	ジ	シ	活	ク	活	写	ハ	魔	釣	ダ
ン	撮	ム	び	ブ	味	編	猟	リ	ラ	絵	画	興	ハ	ク
ゲ	ラ	ャ	プ	イ	イ	影	活	真	芸	ジ	魔	ダ	園	川
ゲ	リ	び	り	キ	ン	興	グ	狩	波	陶	興	味	撮	ダ

アンカー マスト
ブイ エンジン
クルー ノーティカル
ドック 海洋
フェリー セーラー
いかだ ロープ
カヤック ヨット
カヌー

み	グ	釣	び	銀	イ	影	ダ	品	ラ	キ	ス	ク	ラ	釣
ャ	り	編	編	写	行	品	キ	写	び	書	ー	ラ	興	ラ
ギ	ャ	ラ	リ	ー	ジ	シ	ネ	マ	ク	ャ	パ	劇	法	ー
レ	ス	ト	ラ	ン	学	レ	動	ム	絵	絵	ー	場	市	薬
ム	写	動	真	法	校	物	パ	ダ	興	パ	マ	ク	エ	局
ク	興	読	読	陶	読	興	撮	ム	ゲ	ゲ	ー	猟	芸	グ
空	港	陶	ゲ	写	ハ	書	書	イ	診	法	ケ	芸	び	画
猟	イ	博	園	陶	ク	画	興	絵	療	ゼ	ッ	イ	ゼ	レ
影	猟	狩	物	館	書	図	陶	読	所	リ	ト	り	キ	ハ
レ	物	ハ	動	館	店	べ	狩	味	味	ャ	書	キ	影	ー
ー	ャ	ダ	絵	花	興	ー	ー	影	絵	パ	法	興	真	グ
み	物	グ	ラ	屋	喜	カ	動	味	ー	プ	イ	プ	読	活
ス	タ	ジ	ア	ム	写	リ	猟	エ	ハ	撮	ラ	絵	法	シ
大	画	ホ	テ	ル	シ	ー	喜	絵	物	芸	法	ダ	撮	ン
ズ	学	芸	読	ラ	グ	陶	陶	活	釣	活	シ	絵	プ	影

薬局	診療所
銀行	市場
ベーカリー	博物館
図書館	レストラン
花屋	学校
書店	スタジアム
空港	スーパーマーケット
ギャラリー	劇場
ホテル	大学
シネマ	動物園

25 - Aktivitäten

キ 画 キ ハ 動 ン 狩 猟 エ リ 撮 ク ハ ゲ 書
ャ ク ン リ ン シ み ハ 芸 ラ レ 園 リ ク 陶
ン ズ 猟 ス 釣 魔 レ 活 品 ク 読 芸 ク り パ
プ ゲ ー キ 読 ゲ キ 興 狩 ゼ 書 写 活 レ 動
ゲ ゼ び ル ダ ン シ ン グ ー 縫 製 喜 ジ ム
ト ー ア 編 ダ 喜 び み ン シ 喜 釣 味 撮 ク
ャ 喜 ム み ゲ パ レ キ ョ ハ 編 り 撮 レ 活
ン 興 ジ 物 法 品 ジ 動 イ ン 撮 画 レ ム ン
リ 陶 キ 画 画 釣 ム 興 ハ ズ 編 ゲ グ ゲ エ
ゼ シ 書 レ ジ ャ ー ー ゲ 味 ズ 活 書 ゲ 狩
ラ 芸 絵 ジ 味 園 画 パ 園 真 ル 工 影 読 び
写 陶 画 芸 グ 魔 エ レ エ シ ハ 影 活 動
真 パ 影 園 ャ 味 法 書 エ シ プ 魔 真 プ レ
撮 ゼ 猟 パ 味 ク み シ 撮 味 真 ー エ ム ラ
影 ズ ゲ 陶 ラ 物 キ ゼ 画 物 リ 狩 り ダ ラ

活動	アート
釣り	工芸品
キャンプ	読書
リラクゼーション	魔法
スキル	縫製
写真撮影	ゲーム
レジャー	編み物
園芸	ダンシング
絵画	喜び
狩猟	ハイキング

品	び	真	一	法	女	王	品	味	ゼ	み	ク	リ	品	ラ
プ	猟	影	釣	影	み	真	真	イ	群	れ	び	芸	真	び
フ	ル	ー	ツ	蜂	庭	シ	グ	植	太	読	動	有	益	活
狩	園	ク	喜	蜜	シ	喜	グ	物	物	陽	ジ	ル	ハ	編	喜
び	陶	リ	ャ	レ	ジ	パ	真	真	撮	食	興	ン	味	影	味
生	態	系	ダ	ク	花	活	ル	昆	グ	品	ラ	ム	品	法	活
ゼ	ゲ	ダ	介	媒	粉	花	多	巣	虫	撮	釣	工	生	ゲ	活
び	者	介	編	物	動	シ	箱	様	性	撮	ダ	法	真	息	撮	グ
ワ	ラ	釣	ズ	法	プ	ン	花	撮	写	み	地	編	プ
ッ	狩	陶	活	物	び	ダ	レ	撮	ラ	品	写	み	り
ク	ダ	ク	影	ム	興	ム	シ	影	リ	芸	園	絵	イ
ス	り	魔	真	イ	活	読	ダ	園	ズ	魔	翼	芸	み
物	イ	陶	プ	パ	絵	狩	影	法	ャ	ゲ	猟	エ	撮
味	ャ	品	陶	狩	キ	ハ	煙	味	レ	ゼ	プ	釣	ャ	ハ	影

花粉媒介者　　　　生態系
巣箱　　　　　　　植物
食べ物　　　　　　花粉
フルーツ　　　　　群れ
蜂蜜　　　　　　　太陽
昆虫　　　　　　　多様性
女王　　　　　　　有益
生息地　　　　　　ワックス

27 - Wissenschaftliche Disziplinen

ズ	画	リ	画	画	法	興	プ	法	活	グ	ダ	園	園	ハ
グ	ゼ	影	イ	キ	イ	読	活	地	質	学	化	植	影	ク
ゼ	品	り	魔	ネ	び	り	興	ゼ	絵	会	品	物	ク	び
生	理	キ	グ	シ	ハ	ル	ャ	ク	魔	社	リ	撮	パ	学
園	ル	魔	ク	オ	狩	読	ジ	ゼ	園	ズ	リ	ラ	写	剖
味	ム	ル	り	ロ	ー	編	心	グ	物	品	イ	レ	ダ	解
動	真	ム	み	ジ	ム	書	園	理	ズ	シ	エ	び	狩	活
物	パ	ル	レ	ー	ハ	絵	び	生	学	化	生	プ	読	ン
学	物	書	編	ダ	鉱	画	釣	態	語	力	天	文	学	ハ
免	疫	学	古	考	物	力	興	学	言	釣	熱	品	猟	動
影	真	編	キ	法	学	学	猟	猟	ャ	真	み	写	書	ズ
猟	興	ラ	ル	読	園	神	り	写	プ	芸	狩	活	陶	シ
ン	猟	撮	読	ジ	ク	経	クャ	芸	キ	ー	活	ー	絵	
パ	園	動	ダ	ジ	ム	学	ダ	び	猟	魔	園	パ	エ	ー
法	物	ャ	キ	編	シ	園	生	物	学	ジ	ク	法	ン	ラ

解剖学	言語学
考古学	力学
天文学	鉱物学
生化学	神経学
生物学	生態学
植物学	生理
化学	心理学
地質学	社会学
免疫学	熱力学
キネシオロジー	動物学

28 - Vögel

み	エ	釣	園	ハ	鷲	ャ	物	フ	グ	興	フ	ク	ロ	ウ
芸	芸	ク	興	ー	イ	ル	陶	ラ	ク	写	絵	影	ル	動
リ	活	書	エ	芸	ス	ズ	メ	ミ	プ	シ	活	猟	ガ	リ
狩	釣	物	ゲ	陶	ラ	書	キ	ン	ギ	ン	ペ	白	チ	法
魔	レ	エ	ク	ゼ	カ	品	狩	ゴ	ン	撮	サ	鳥	ョ	陶
孔	ズ	法	シ	法	絵	モ	芸	ー	ム	釣	ギ	読	ウ	ハ
雀	芸	シ	芸	写	動	動	メ	メ	ズ	興	ゼ	絵	イ	活
カ	陶	釣	リ	ズ	チ	キ	ン	カ	リ	ペ	ラ	動	写	撮
イ	ッ	ズ	ト	シ	鳩	プ	エ	パ	写	卵	び	ジ	芸	ゼ
喜	イ	コ	ノ	ハ	芸	ア	シ	興	ー	動	ラ	芸	園	園
読	真	ム	ウ	オ	陶	ヒ	影	ク	シ	味	釣	園	狩	一
影	芸	ゼ	コ	オ	ゲ	ル	陶	ク	読	ー	ダ	興	プ	物
ダ	絵	味	喜	絵	ラ	パ	画	ャ	物	園	編	プ	ク	ハ
ズ	猟	り	ダ	プ	ジ	猟	法	活	グ	エ	ダ	キ	園	魔
ラ	読	狩	エ	リ	プ	興	猟	ズ	狩	興	画	グ	ダ	喜

アヒル　　　　　　　　　ペリカン
フクロウ　　　　　　　　孔雀
フラミンゴ　　　　　　　ペンギン
ガチョウ　　　　　　　　サギ
チキン　　　　　　　　　白鳥
カラス　　　　　　　　　スズメ
カッコウ　　　　　　　　コウノトリ
カモメ　　　　　　　　　オオハシ
オウム

29 - Biologie

リ エ ダ ャ キ ジ 興 編 画 り 書 撮 読 レ パ
パ 園 イ 喜 染 色 体 書 リ 魔 画 撮 浸 書 ル シ
ズ 釣 釣 真 読 ゼ 品 写 釣 ジ キ 画 透 ゲ シ ゼ
ム ジ 植 興 ゼ ム み 陶 グ シ 喜 写 レ 画 イ リ
ダ り 物 進 質 猟 芸 工 撮 ダ レ シ ラ イ リ
物 品 ン 化 ク ゲ ナ シ 影 写 プ み ラ ー 芸
画 ハ ゲ ム パ 撮 レ チ キ 味 動 り り 品 味
ニ ュ ー ロ ン モ ル ホ ュ ク 解 プ ジ 編 陶
興 芸 ラ ム タ 編 レ イ ゼ ラ ル 剖 ラ ゼ 活
突 ゼ コ 興 芸 狩 読 芸 び キ ル 学 酵 び
然 哺 イ エ 芸 撮 書 プ 魔 ム 画 虫 ー プ 素
変 乳 工 共 生 品 ク キ ハ ク 魔 類 ン ク 園
異 類 神 喜 シ ナ プ ス 法 キ 味 キ パ 芸 撮
ジ パ 経 り み 写 写 細 ゲ ゼ 魔 ジ 猟 胚 び
魔 グ ジ 読 光 合 成 胞 パ び 味 ン 動 書 み

解剖学	浸透
染色体	植物
酵素	光合成
進化	タンパク質
ホルモン	爬虫類
コラーゲン	哺乳類
突然変異	共生
ナチュラル	シナプス
神経	細胞
ニューロン	

30 - Garten

写編活レプイ写ンエブープラガ庭
ムグ池動画キパ陶ャッ陶イゼレゲ
ゲ園喜動ダ撮ルベャシポーチーキ
ジリプハンモックュホースジリ
法プ動編ゲーイキ撮びゼジ雑キ法
レ狩ク味レ釣木み画グ撮魔草絵読
イトり編芝テラスンェフ動シ釣プ
動ララび魔生撮喜活リ物編園品ゼ
物花エンオーチャードジ法イ編写
園ラズりポ読法猟ゼ影シ影撮ゲラ
ベ魔法法ーリ影び釣魔陶撮ム狩画
ンゲグ熊手画ン読ジ真レ真ャン味
チ撮ンゲ活エー撮魔ル動ラ編ラり
絵真狩影パプリ狩ク芸撮ャー工動
土撮ダみ物芸ジ絵興グ猟喜ゼ真レ

ベンチ	シャベル
ブッシュ	ホース
ガレージ	テラス
ハンモック	トランポリン
オーチャード	雑草
芝生	ポーチ
熊手	フェンス

31 - Antarktis

興プー猟書芸ゼム動パーイシ狩ャ
ジ水研究者猟猟ャグンシエ魔ラ影ャ
ャジ科プグ形ベイ園エ動喜釣真キャ
喜み学キム地理パりレエロッキーラ
狩み的ンク興温度風リ魔大陶書ハラ
ラシリ写味陶ンハミシ影狩陸エハ猟
遠芸ムみ絵リ活ネ書釣ラジ狩編ダり
ゼ征魔魔ー撮動ラプパキ喜半ムり魔
ハククレ編陶活ルキンリ氷河島リンみ
ラ釣写陶環活絵り移ー保釣ゼリムみ
喜ジ狩写境芸釣魔行プ全物エムキキ
動天気ラ写イ猟イ猟陶ャゼ絵キー喜
読プエ影猟ンゲ興読品クン狩ル喜
猟びャ喜リエプ鳥ャラル読ズ編喜
動喜リハ絵グ芸猟ムプン動キ陶影

ベイ	大陸
保全	移行
遠征	ミネラル
ロッキー	温度
研究者	地形
地理	環境
氷河	天気
半島	科学的

パ	ム	影	画	び	法	絵	ジ	プ	キ	ゲ	ラ	撮	速	ム
撮	写	プ	ー	ル	喜	モ	ー	タ	ー	安	全	性	度	物
興	ダ	び	絵	画	狩	シ	レ	イ	レ	ン	ハ	び	書	ハ
ズ	ク	喜	ラ	ハ	ル	リ	ガ	ダ	ン	キ	芸	法	芸	影
活	キ	ャ	キ	ル	物	ト	影	撮	ズ	キ	動	画	ン	シ
物	ダ	レ	写	編	キ	ン	ム	編	影	リ	エ	ラ	活	ズ
芸	狩	ャ	芸	ク	味	ネ	警	察	書	狩	品	ム	動	み
シ	危	険	芸	法	ッ	ル	魔	陶	撮	グ	ゲ	魔	ム	品
興	猟	陶	プ	イ	興	ラ	釣	芸	読	書	物	書	ジ	喜
喜	燃	ル	エ	品	び	イ	ト	歩	園	ル	芸	ジ	地	釣
交	料	書	真	注	書	ト	行	エ	書	み	書	園	味	図
通	ク	ラ	ジ	意	動	セ	法	興	ラ	書	法	品	芸	魔
画	グ	動	パ	ー	ル	ン	ハ	者	パ	リ	品	芸	ズ	り
ズ	ダ	写	レ	法	ク	バ	ャ	陶	ハ	ゼ	ゲ	リ	ズ	車
エ	オ	ー	ト	バ	イ	ズ	喜	釣	品	法	事	ズ	故	編

ブレーキ	トラック
燃料	モーター
バス	オートバイ
歩行者	警察
ガレージ	安全性
ガス	トンネル
危険	事故
速度	交通
地図	注意
ライセンス	

33 - Physik

読	芸	品	ク	影	法	ー	磁	プ	読	読	プ	ラ	ゼ	プ
プ	ガ	ス	猟	書	狩	ー	気	ゲ	動	活	ハ	ム	ル	撮
動	ム	ム	絵	ル	真	猟	ク	味	グ	画	品	ー	動	芸
ン	真	び	密	法	狩	法	ハ	影	影	狩	薬	式	ム	書
ユ	ー	ラ	度	シ	読	影	パ	ン	動	カ	学	ジ	ク	影
ニ	ダ	動	園	興	動	ジ	ズ	影	レ	イ	化	品	シ	ゲ
バ	ダ	影	書	ダ	ー	釣	レ	書	ゲ	ク	ハ	編	真	魔
ー	味	速	核	ズ	シ	ゼ	み	プ	ク	レ	ジ	ャ	粒	工
サ	園	加	度	芸	リ	絵	喜	エ	ン	ジ	ン	質	量	子
ル	興	芸	速	原	子	真	リ	絵	ゼ	リ	ル	画	ー	電
ハ	ズ	書	速	キ	ゼ	く	り	ゼ	ー	書	相	対	性	論
ー	イ	法	キ	プ	ー	周	法	芸	パ	キ	ク	プ	法	シ	み
味	グ	喜	び	ラ	波	味	リ	園	り	ダ	真	陶	画	物
ン	品	ャ	混	エ	数	ジ	撮	狩	キ	味	魔	レ	実	動
ズ	ン	び	沌	真	分	子	ダ	撮	ジ	ム	物	真	験	工

原子	速度
加速	磁気
混沌	質量
化学薬品	力学
密度	分子
電子	エンジン
実験	粒子
周波数	相対性理論
ガス	ユニバーサル

34 - Bücher

```
キ ャ ラ ク タ ー 二 魔 エ り 釣 ジ 法 プ エ
猟 ー 魔 猟 ー 興 重 喜 小 エ ゼ ラ 園 味 書
ン レ ル ペ エ 魔 性 陶 説 文 学 法 画 芸 活
パ 影 ル ー ピ 編 ム イ 陶 読 エ ン ム グ 活
レ ル プ ジ ッ 猟 ゲ 釣 陶 ゼ キ 歴 絵 ゲ 興
撮 ン ョ シ ク レ み パ 書 ズ 史 ズ 興 ジ 陶
ユ ー モ ラ 味 興 味 レ か 関 イ 的 パ ジ 物
ナ レ ー タ ー シ リ ー ゲ れ 編 連 す パ 喜
ス ト ー リ ー ム 冒 キ ゼ 読 者 著 る み 書
ン 活 活 編 画 パ 険 ズ ャ ダ ン ゼ イ 品 シ
パ ズ 写 ー ハ 絵 ジ ズ 詩 ン 活 味 法 品 レ
喜 キ 影 動 読 品 狩 物 イ 芸 喜 画 プ 法 園
編 ー キ キ り 編 一 発 絵 悲 劇 的 絵 物 ビ
写 ハ ラ 活 活 キ 魔 明 猟 キ 動 ダ 興 法 レ
園 釣 り 品 魔 ク 興 品 猟 み 画 猟 レ 読 園
```

冒険 　　　　ユーモラス
著者 　　　　コレクション
キャラクター 　読者
二重性 　　　文学
エピック 　　関連する
発明 　　　　小説
ナレーター 　ページ
ストーリー 　シリーズ
書かれた 　　悲劇的
歴史的

35 - Menschlicher Körper

撮喜ダル物り絵クジ写ララゼ足動
ン魔肘品リイ写品エゲ動ダムりみ
ジ撮法ラ物ハルゼ品絵クー芸活陶
リダ狩園ムキ興ク絵ゼりシ物興エ
法ダゼ陶園ルャ活園レ芸プイみラ
ン物顎品動園パ喜クラ興プ喜ゼラ
胃釣血芸ゲ編動活影ー活魔釣ズダ
キ喜品ラキイ頭写書真キ編ンムル
シ脳キ膝絵グンャンイズレハ首
編品撮物物影み指魔真品撮肩み足
鼻ャムり動みプ喜イ手絵芸編りー
ム工影芸クムムム法書味芸工味影
み撮芸動耳ロり心臓肌陶品撮喜動
み顔ゲキ工真園画猟ダ品レ影猟影
ズハエイ狩び舌ル園魔動ルリゼ興

心臓   足首

36 - Agronomie

動	グ	リ	活	田	学	侵	撮	び	パ	み	園	撮	陶	読
画	狩	パ	ジ	舎	態	食	勉	び	ゼ	ム	書	土	撮	園
環	釣	真	魔	プ	生	陶	強	園	喜	魔	絵	病	気	編
境	プ	み	ャ	シ	動	産	ム	ク	釣	パ	編	編	品
グ	撮	芸	シ	エ	ス	プ	興	狩	陶	み	狩	絵	陶	ダ
成	長	園	魔	絵	狩	テ	撮	影	魔	ン	陶	読	喜
持	シ	ズ	写	品	ャ	シ	科	ル	ン	猟	読	法	興
品	続	画	陶	ダ	園	レ	プ	学	イ	ャ	芸	レ	味
ハ	影	可	撮	プ	法	ク	活	ゲ	ハ	ル	魔	真	ラ	猟
品	び	植	能	読	撮	味	絵	品	シ	キ	魔	ル	シ	品
野	菜	物	動	リ	真	ン	グ	エ	汚	染	ャ	画	画	水
猟	プ	ク	パ	リ	ク	芸	び	ネ	パ	編	味	イ	プ	書
魔	エ	ハ	ン	ゼ	ゲ	芸	真	ル	陶	シ	ハ	影	ク	園
絵	影	ム	肥	法	釣	喜	農	ギ	撮	画	書	リ	物	写
キ	有	機	料	狩	シ	プ	業	ー	ム	パ	ャ	プ	ゲ	み

肥料	生態学
エネルギー	植物
侵食	生産
野菜	勉強
病気	システム
農業	環境
田舎	汚染
持続可能	成長
有機	科学

37 - Landschaften

ラ ャ 活 グ 影 撮 魔 魔 ゼ 編 釣 ャ オ 編 び
陶 イ 編 ゲ び 絵 谷 動 ム 沼 写 猟 ア 砂 漠
書 グ 写 ゲ り 陶 エ キ 法 り ム イ シ グ ー
パ ダ 品 狩 ャ ゼ キ 画 ム プ 法 芸 ス り リ
ャ 狩 物 ジ ム 物 ー 編 動 ゲ ズ ー ダ イ
ダ 猟 真 芸 エ 味 ジ 猟 ジ り 真 ハ シ 書 レ
画 芸 ズ 半 グ 洞 ク 品 撮 ビ 山 影 キ 写 ゼ
ツ ン ド ラ 島 窟 ゲ エ 読 ー 氷 ン シ 法 パ
グ 陶 絵 氷 河 書 ゼ 丘 湾 チ 狩 興 ゼ ク
ゲ 法 滝 芸 湖 プ 魔 猟 法 エ 活 ン シ シ 興
写 絵 猟 品 エ イ 物 味 キ ャ レ 影 リ 影
エ 真 び 味 ダ 影 猟 イ み 読 画 真 グ 書 ダ
川 海 物 レ 活 絵 ラ グ 編 リ グ キ イ 猟 グ
物 レ プ ル 編 ル 活 釣 釣 真 動 火 写 グ グ
間 欠 泉 書 ゲ 興 写 ゲ レ パ 編 山 ゼ 島 ク

氷山	オアシス
間欠泉	ビーチ
氷河	ツンドラ
半島	火山
洞窟	砂漠

38 - Abenteuer

```
レ ク み パ ゼ 編 エ 芸 活 動 ャ 活 魔 編 書
リ り 芸 リ プ 興 園 ク ン 真 シ 自 興 み プ
読 ハ 写 ジ い り グ び ナ シ 熱 然 影 真 ズ
写 ラ 芸 美 し さ 陶 影 ビ 編 意 行 先 準 備
画 パ 編 キ 珍 物 撮 活 ゲ 画 ズ 遠 足 グ ン
レ 味 シ ゲ ム 狩 イ り ー 撮 ム イ ゲ ン 会
写 危 シ ハ ダ ハ 困 み シ チ 安 全 性 機 会
シ 険 ズ ゲ ダ 園 喜 難 ョ 真 園 ジ ズ パ ズ
レ な ジ イ ダ 撮 狩 ン ン 園 旅 グ 編 編 魔
園 ハ ン 編 勇 新 狩 真 び ス び 程 エ 編 パ
芸 魔 撮 工 気 動 着 ラ 物 真 び 猟 書 ハ パ
写 パ 読 友 ラ イ ラ 陶 活 園 猟 リ プ ズ パ
ム ゼ 喜 動 達 絵 狩 ク 猟 び 猟 レ 喜 味 興
み 真 ハ 猟 ゼ 釣 パ ジ パ ズ ハ 喜 ダ 画 ル
芸 シ 釣 シ リ ン ダ 真 動 イ グ び ラ ル グ
```

活動　　　　　　　　　新着
遠足　　　　　　　　　旅程
熱意　　　　　　　　　美しさ
チャンス　　　　　　　困難
喜び　　　　　　　　　安全性
友達　　　　　　　　　勇気
危険な　　　　　　　　珍しい
機会　　　　　　　　　準備
自然　　　　　　　　　行き先
ナビゲーション

39 - Flugzeuge

味	ル	読	喜	ジ	影	ハ	一	興	写	ハ	り	真	ゼ	絵
釣	狩	撮	り	撮	グ	び	芸	び	シ	ゼ	魔	真	魔	み
イ	活	バ	魔	設	計	り	味	ク	ト	ン	ハ	グ	み	パ
レ	陶	ル	活	釣	品	ラ	キ	芸	ッ	喜	み	り	み	法
ゼ	画	一	写	ン	物	キ	喜	プ	ペ	み	り	画	写	リ
り	天	ン	ジ	ン	エ	物	絵	イ	ラ	ラ	画	品	水	素
雰	気	ム	ム	動	リ	園	画	イ	興	写	品	乱	ン	リ
高	囲	レ	歴	ズ	絵	絵	活	パ	編	動	真	流	ゼ	り
パ	さ	気	史	グ	旅	客	陶	猟	建	設	物	読	リ	み
編	レ	空	猟	レ	ゼ	み	プ	陶	ル	品	編	興	ダ	パ
ズ	ン	ル	書	エ	リ	エ	興	写	一	レ	パ	グ	パ	み
物	喜	喜	興	燃	降	イ	ら	魔	空	狩	陶	キ	グ	パ
エ	ラ	り	ラ	料	下	パ	ま	画	物	ム	魔	キ	書	活
冒	釣	み	ク	読	ハ	書	せ	活	園	ム	ハ	ラ	書	物
編	険	エ	ク	ル	一	ラ	る	動	リ	味	ク	魔	ャ	活

冒険	建設
降下	空気
雰囲気	エンジン
膨らませる	旅客
バルーン	パイロット
燃料	プロペラ
クルー	乱流
設計	水素
歴史	天気
高さ	

40 - Haartypen

```
み 物 編 画 絵 キ 品 画 ー ゲ 陶 イ 編 み 釣
ク ャ イ ラ ャ 園 ム 物 法 ン シ 陶 り イ 興
ッ 撮 ズ 法 影 パ 興 シ 真 白 い 動 読 動
ラ グ ル 画 カ 活 キ ク 園 魔 イ レ ー ム
ブ ロ ン ド ー ニ イ ャ シ ム 有 ゼ リ 狩 狩
み 撮 喜 品 リ ジ 禿 興 薄 興 ャ 色 撮 真 喜
パ 画 書 ル ー カ エ ー い プ 画 ク ン ダ ャ
ー 動 ズ ー グ ゲ 活 ハ パ 物 喜 茶 釣 興 陶
グ キ 釣 品 編 ラ 頭 皮 グ レ ー ゲ 色 シ ジ
び 真 画 厚 エ 活 シ ゲ ク ム み 編 っ 三 シ
興 イ 撮 ム い グ ダ エ キ ー 読 組 ダ 動 イ
イ 動 元 気 ン ャ ハ 影 レ グ 短 銀 影 ン 狩
キ 魔 レ 芸 活 芸 編 ジ 狩 キ い ソ フ ト 活
真 味 画 活 ク ー 読 ク ム 園 影 ゲ グ 陶 書
エ 書 品 喜 ク 真 ゲ ゲ ゲ ド ラ イ 法 法 動
```

ブロンド　　　　　　　　頭皮
茶色　　　　　　　　　　短い
厚い　　　　　　　　　　カール
薄い　　　　　　　　　　カーリー
有色　　　　　　　　　　ブラック
編組　　　　　　　　　　ドライ
元気　　　　　　　　　　ソフト
シャイニー　　　　　　　白い
グレー　　　　　　　　　三つ編み

41 - Essen #1

活	猟	ク	ラ	り	興	ル	ハ	シ	芸	プ	魔	プ	真	ル
ャ	喜	ン	ハ	動	物	シ	撮	ナ	ミ	狩	ゲ	喜	び	読
イ	び	エ	ゼ	グ	ゲ	び	影	モ	ル	喜	み	り	梨	興
ャ	活	に	ジ	ダ	書	ス	釣	ン	ク	み	玉	撮	ゲ	
書	草	ん	れ	う	ほ	ー	魔	ク	び	ニ	絵	葱	活	釣
活	絵	じ	エ	興	コ	プ	レ	狩	レ	ゼ	ン	モ	レ	プ
ム	喜	ん	書	ン	ー	釣	グ	喜	書	苺	ク	ニ	み	魔
編	編	キ	ジ	猟	ヒ	砂	釣	陶	プ	書	み	活	猟	法
び	落	味	影	ュ	ー	糖	読	プ	ゼ	味	レ	活	シ	喜
書	花	み	魔	絵	ー	動	法	パ	ャ	パ	プ	園	撮	興
ジ	生	真	品	狩	ー	ス	塩	画	狩	プ	読	陶	プ	レ
編	ム	画	リ	興	ク	ジ	り	撮	ツ	ナ	陶	書	法	興
ン	グ	真	ラ	法	み	イ	撮	釣	釣	ハ	喜	キ	グ	ー
バ	ジ	ル	喜	画	活	ハ	カ	サ	ラ	ダ	編	ャ	味	り
芸	陶	ム	陶	影	猟	撮	興	ブ	び	肉	物	ラ	シ	イ

バジル	サラダ
落花生	ほうれん草
コーヒー	スープ
にんじん	ツナ
ニンニク	シナモン
ミルク	レモン
カブ	砂糖
ジュース	玉葱

42 - Gebäude

```
ス興ルダ活味レゼプ喜猟ゼレパャ
ルタ猟味ゲ品魔編イ真写ゼ撮写品
喜エジルラゼ喜イガ味絵ゼリ影ゲ
み場びア劇場真ダレラル狩ダダク
動農狩ャムン学校ーハキ芸味活影
大使館物博納読喜ジー書編活びハ
レダ興レみ屋ルン真病院キ画味影
陶り興ルゼび天文台ズ味キャリ写活
狩味興テ書活狩撮猟び写ビリャ動
法ゼ味ス狩書品活画ム絵ン撮読猟
ハび編ホ大スーパーマーケットャ
活ンンハテ学ワ陶真ネゼ画編ン狩
ーグ読びパルタキグシズゼゲテハ
ジ真写ーャズ撮活物キララ撮写ズ
ク法味釣味影園影絵イ研究室興ズ
```

農場	博物館
大使館	天文台
工場	納屋
ガレージ	学校
ホステル	スタジアム
ホテル	スーパーマーケット
キャビン	劇場
シネマ	タワー
病院	大学
研究室	テント

43 - Mode

撮	レ	画	喜	喜	エ	画	狩	読	撮	グ	ブ	み	テ	ク
エ	レ	ガ	ン	ト	ラ	法	ル	絵	ル	釣	テ	ン	ク	レ
ハ	ボ	絵	活	シ	ド	写	ン	編	読	画	ィ	魔	ス	書
読	ー	タ	モ	ダ	ン	写	狩	パ	狩	快	ッ	び	チ	撮
洗	キ	味	ン	ム	レ	み	り	タ	適	ク	興	ャ	ハ	ム
練	ー	ム	キ	キ	ト	ミ	興	一	魔	ム	刺	繍	ャ	芸
さ	手	頃	な	価	格	レ	ニ	ン	リ	物	ャ	陶	シ	魔
れ	み	ダ	プ	ム	法	一	法	撮	マ	絵	イ	ル	パ	ゲ
た	ジ	編	影	ム	編	影	撮	オ	グ	品	ル	エ	び	影
芸	り	レ	ズ	影	ン	エ	法	グ	リ	ゲ	ス	ク	ー	ゼ
品	レ	ズ	影	エ	法	実	用	ジ	ー	園	ト	生	地	画
高	価	な	一	味	実	用	的	ナ	物	レ	び	撮	ゲ	ゼ
ス	タ	イ	ル	真	ジ	ラ	キ	ル	衣	類	プ	ル	書	画
法	ジ	猟	グ	グ	イ	み	エ	編	書	物	絵	活	品	イ
パ	書	影	イ	ズ	ク	品	狩	リ	法	ム	ャ	真	グ	編

洗練された
ブティック
エレガント
手頃な価格
衣類
快適
ミニマリスト
モダン
パターン
オリジナル

実用的
レース
刺繍
スタイル
生地
ボタン
高価な
テクスチャ
トレンド

```
ア ト 画 活 編 釣 ャ ル ゲ パ ハ チ ー ズ ャ
ー マ ー グ 法 釣 ム 味 レ ラ ム 芸 リ 卵 米
モ ト 釣 品 チ ア ス パ ラ ガ ス グ コ ゼ 読
ン び ク ー ョ チ ィ テ ー ア 真 ャ ッ ク み
ド キ ノ コ 芸 法 狩 写 グ プ 読 ロ シ み 真
ル 芸 ハ キ レ 撮 ラ 写 絵 編 ム 法 ブ シ み
チ ェ リ ー ー ハ ダ ル 物 リ 写 陶 写 み ゼ
書 ダ ロ 画 ト 狩 読 物 ハ 芸 猟 書 キ ャ ゼ
ル 陶 セ 編 キ 品 陶 ダ 真 ゲ ズ イ グ ダ パ
画 エ 魚 品 パ 興 パ ゲ エ 味 ヨ パ キ 編 び
ア ッ プ ル プ ン プ 品 品 ー 画 ー ー シ 活
狩 イ 小 法 リ レ ー グ レ 園 グ 品 グ 画 真
写 ゼ 麦 釣 狩 シ 撮 パ 園 り 猟 み 園 ル 動
ン み プ 編 真 書 ゼ パ グ 影 み バ ナ ナ ト
み グ ゼ 書 書 猟 喜 一 陶 茄 子 ハ イ ダ リ
```

アップル	アーモンド
アーティチョーク	キノコ
茄子	ハム
バナナ	チョコレート
ブロッコリー	セロリ
パン	アスパラガス
ヨーグルト	トマト
チーズ	小麦
チェリー	

45 - Energie

物 活 エ リ み ャ ゼ 芸 狩 電 ル エ 書 プ り
燃 料 電 気 ン 喜 グ 狩 ハ 池 ダ 絵 猟 品 リ
絵 風 陶 陶 絵 読 狩 ン 興 園 編 芸 ゲ 興 キ
絵 ジ み ゲ 撮 釣 ゲ 興 一 び ゲ ゼ ム 猟 写
ラ 環 ラ プ び グ グ ハ リ 一 釣 ゼ 喜 画 編
レ 境 陶 影 炭 素 汚 光 子 電 ゲ 品 喜 び 絵
ム 写 リ ジ 品 水 び 染 エ ン ト ロ ピ 一 一
一 ル 書 ャ 魔 影 熱 狩 物 動 編 ダ び 釣 絵
タ ゼ ダ キ 撮 味 法 ガ ラ 撮 画 物 画 芸 画
読 一 タ 一 モ 業 界 ソ 釣 ジ イ ル 絵 ャ レ
ジ ィ ビ 活 園 リ 芸 リ 書 ン 活 ン グ ン ハ
味 デ 陶 ン 猟 り ラ ン 太 陽 イ ク シ キ 絵
喜 核 シ リ ラ ル 芸 ク 魔 法 物 真 画 キ 品
絵 パ ム 真 ズ 撮 レ り レ 影 品 影 パ り 興
猟 写 パ み ラ シ 芸 ゼ ダ 動 再 生 可 能 ラ

電池	炭素
ガソリン	モーター
燃料	光子
ディーゼル	太陽
電気	タービン
電子	環境
エントロピー	汚染
再生可能	水素
業界	

46 - Familie

ダ ジ 興 姉 り 法 喜 ン ク 味 ル ー ダ び 法
陶 ム ダ 妹 ハ 興 書 レ 釣 喜 プ ダ レ 父 撮
ダ 真 ク 喜 味 園 活 品 味 編 ズ ル 読 書
魔 レ リ ン 画 夫 物 び イ 写 姪 ャ 読 エ リ
ラ パ 園 ャ 動 ル グ 編 ャ 叔 ズ パ 写 魔
リ ズ 画 孫 み 魔 動 画 絵 ダ 父 陶 書 品
ハ ゲ 釣 真 ジ ダ エ ャ 園 猟 喜 パ 活 絵
父 方 の ン 味 兄 ン グ ク 陶 読 物 娘 活 編
釣 陶 グ り 母 弟 ジ ダ ラ 読 猟 ラ 動 ム
シ ジ 母 み 叔 物 み 写 シ 影 喜 活 甥 影 物
写 ャ 性 読 リ グ 編 撮 グ ダ 活 ン 書 影 影
い と こ 子 書 編 ジ ク 物 ー 芸 ズ 法 イ
園 ー 頃 の 供 子 ズ 真 興 パ シ 真 読 陶 影
キ シ ジ リ 品 先 祖 活 陶 読 妻 法 喜 影
お ば あ ちゃ ん 父 び 写 活 編 法 真 物

兄弟	叔父
おばあちゃん	姉妹
祖父	叔母
子供	父方の
子供の頃	いとこ
母性	祖先

47 - Pflanzen

```
ン ハ み ラ ン パ ル 豆 ゼ レ 動 影 パ 画 釣
プ ラ 活 ジ レ 法 ハ 興 真 シ ル ズ 猟 撮 物
読 み ダ ズ 品 魔 み 絵 編 パ 書 法 ハ 写 釣
法 書 真 書 り 撮 根 び 芸 読 ジ 喜 ジ 絵 り
肥 ン グ 園 プ イ 写 味 み ゼ 興 絵 蔦 物 釣
料 味 喜 絵 ゼ ゼ 喜 苔 猟 ジ ク プ 物 猟 び
ン ハ ー グ イ 活 読 園 イ 物 み み ク 活 喜
ン リ グ シ 真 猟 ゲ 竹 学 物 植 ム シ 魔 喜
パ ダ 画 陶 陶 フ ロ ー ラ 草 生 庭 び 法 木
魔 ジ ン ダ 真 ャ 法 画 リ 読 ャ シ プ 狩 動
喜 絵 味 キ ル ブ ッ シ ュ ベ ゲ 撮 ー 喜 動
ン 魔 魔 品 画 画 ー サ ボ テ ン 花 弁 り 狩
撮 読 ム ハ 画 ル 品 ハ エ レ 動 レ シ 陶 プ
エ 影 動 み 品 ン 釣 興 書 釣 び ャ 陶 プ 狩
猟 森 活 品 喜 葉 び 園 物 絵 園 ク 魔 ズ 画
```

ベリー	フローラ
花弁	サボテン
植物学	ハーブ
ブッシュ	植生
肥料	

```
画 撮 画 魔 み 園 陶 ャ 詩 ダ 工 写 作 ー セ
書 影 ゼ 喜 影 ダ た ク グ 園 撮 プ 成 動 ラ
ー リ 喜 画 正 パ れ み 写 ラ 物 真 グ 動 ミ
ミ 構 撮 エ ジ 直 さ ズ 陶 ル ャ プ ダ 個 ッ
ン 成 動 プ ル ャ パ 表 グ ジ プ キ 人 ク ク
繁 雑 ラ 魔 ビ 法 イ 釣 現 猟 シ 絵 的 猟 猟
魔 影 品 味 ジ ク パ 写 ジ 動 ハ 書 読 動 動
影 プ 書 絵 ュ 園 ス ラ 活 書 ジ ン ゲ 気 気
書 狩 猟 み ア シ イ 狩 動 ジ リ オ 活 分 分
ハ 読 品 ジ ル ム イ 真 ナ ジ ー エ び 画 画
園 物 ム キ ジ 撮 芸 パ ジ リ 釣 ラ シ 工 工
絵 画 シ ュ ル レ ア リ ス ム 品 動 ル 興 興
ン 動 園 件 名 画 イ 物 絵 ャ ャ 釣 物 書 ダ
ム 動 撮 グ び 描 写 り パ ャ キ 喜 書 レ 味
ダ 動 ハ 撮 読 く 彫 刻 グ 撮 ー ジ グ レ エ
釣 真 ハ 撮 読 く 彫 刻 グ 撮 ー み ゼ 園 エ
```

表現	描く
正直	作成
件名	彫刻
絵画	気分
インスパイヤされた	シュルレアリスム
セラミック	シンボル
繁雑	ビジュアル
オリジナル	構成
個人的	

49 - Gewürze

```
キ カ 写 玉 葱 び ジ 動 活 グ ダ イ 法 シ フ
園 ル 猟 ク グ ン 編 動 動 ャ ム ハ 狩 ョ ェ
イ ダ ゼ 猟 ャ パ 陶 狩 味 び プ 品 釣 ウ ン
び モ キ 陶 み コ ショ ウ 活 動 絵 イ 画 画 ネ
バ ン ナ ツ メ グ 写 ル り 喜 読 ク エ 釣 ル
ニ ラ 撮 物 プ 芸 絵 グ ジ 釣 び 芸 サ ワ プ
ラ フ 影 魔 編 品 品 芸 ダ ク ゼ サ ー 活
ゼ サ ハ ン 画 レ プ ダ 物 法 芸 猟 画 シ シ
活 キ ジ み 狩 ズ 真 ル キ 興 ブ 芸 ラ カ シ
影 甘 ジ 写 グ 猟 写 影 物 プ ー 撮 レ レ 動
芸 草 甘 い 苦 ジ パ ジ ゲ 動 ロ 法 ャ ハ 編
陶 レ ジ 影 プ い グ プ 陶 ラ ク リ リ 撮 シ
ー ー 魔 ズ ハ 画 撮 リ リ ア ニ ス 絵 読 ナ
り 活 ク イ 画 陶 釣 撮 猟 カ ン 味 ル ズ モ
グ 猟 プ 法 塩 画 ジ 味 イ エ ニ パ 法 パ ン
```

アニス	クローブ
苦い	パプリカ
カレー	コショウ
フェンネル	サフラン
ショウガ	サワー
カルダモン	甘い
ニンニク	バニラ
甘草	シナモン
ナツメグ	玉葱

50 - Kreativität

イ	活	絵	編	味	リ	陶	芸	リ	ア	品	ズ	法	写	魔
ン	園	画	猟	活	編	ク	活	ハ	書	イ	編	活	エ	魔
ス	芸	強	度	想	像	カ	芸	味	写	デ	シ	味	グ	自
ピ	活	ム	グ	品	ズ	活	パ	興	グ	発	ア	シ	自	発
レ	び	芸	印	り	陶	ハ	シ	釣	明	撮	絵	感	発	感
ー	プ	陶	象	味	ゲ	ゲ	ゼ	り	喜	写	陶	表	現	覚
シ	ハ	品	ム	園	ー	直	品	び	画	陶	キ	書	法	ジ
ョ	り	ダ	動	ゲ	活	感	ビ	猟	リ	シ	ゲ	ク	影	リ
ン	読	ダ	影	ル	編	ズ	画	ジ	写	物	ン	ハ	ク	ク
撮	ャ	動	狩	写	陶	画	撮	興	ョ	ズ	釣	り	ゼ	ム
パ	ズ	猟	び	狩	イ	影	味	プ	狩	ン	ラ	芸	り	ル
品	ャ	品	パ	ャ	ハ	釣	ハ	読	喜	魔	芸	ス	キ	ル
パ	ャ	明	快	ズ	イ	園	興	レ	み	ル	ル	術	ズ	プ
信	憑	性	動	流	感	情	釣	ラ	み	エ	グ	的	ク	ジ
味	物	ズ	ゲ	物	ハ	法	猟	シ	ジ	写	画	像	劇	イ

表現	インスピレーション
信憑性	強度
画像	直感
劇的	明快
印象	芸術的
発明	想像力
スキル	感覚
流動性	自発
感情	ビジョン
アイデア	活力

51 - Geschäft

```
影画イ従ルグ影影ンン税写法ラ真
絵ハ興業ゼ興ゲクキ釣金興活釣店
ムャり員物品狩キャみお動グマ
ハり物ズ編経りム貨陶釣ネ
園陶ンハ画歴キ撮通ムジ書画ー
興画読画レルキプ味ダジー影陶ジ
み読エグオムみプジズ所ャ
みエ商グォりキ園書ルプ喜得シー
園味品読フダ利ズゼ猟ルリ
エゲ読ゼィキ興益芸シ味ャ投資
法ム編ゼスャ動影物喜ン
ダ場物ャャ動陶画画読影みジ陶経
猟ダ絵リハジ園画びャ喜真プ済
みゼびゲプラゼ絵喜ン費真売学
インゲプパ狩写ン割販喜
読画クキ予算書読者用雇引ハ
動シシダ法釣エシ影書釣取ゼ喜
```

雇用者   マネージャー
予算   従業員
オフィス   割引
所得   税金
工場   取引
お金   販売
利益   商品
投資   通貨
経歴   経済学
費用

52 - Ingenieurwesen

```
エ 構 造 角 度 ム 物 動 み 陶 ハ 真 安 定 性
プ ネ り 画 深 レ ム 撮 推 グ 写 ゼ 測 み パ
釣 興 ル ム イ 強 び 釣 進 興 読 読 ゲ 活 ム
り パ 絵 ギ 陶 ジ ム 軸 真 物 ギ ア ゲ 真 ゲ
陶 陶 物 動 ー ター モ キ 猟 工 真 イ ズ ム 動
読 物 編 芸 リ 撮 撮 シ 味 イ 釣 ゼ ズ ゲ 猟
狩 撮 園 み 直 芸 画 パ 釣 ム ダ 喜 猟 動 イ
真 工 読 ゼ 径 ディ ー ゼ ル ラ ラ 魔 活 編
イ ゼ び グ 興 味 真 ル 物 工 建 設 味 活 ム
ー 読 写 画 ャ 釣 エ リ キ ラ り 動 編 一 編
り キ 書 品 パ 液 り ラ 物 ー イ ー 喜 魔 ム
ゲ 魔 ラ 活 り 体 パ 活 り グ 図 読 パ 狩 編
園 動 味 シ ラ 芸 品 物 味 釣 ゲ 分 品 陶 ハ
ー ム 釣 計 真 味 み レ 撮 ー ム 動 布 シ レ
機 械 編 算 活 び 動 園 園 影 レ バ ー レ
```

推進	機械
計算	測定
ディーゼル	モーター
直径	安定性
エネルギー	強さ
液体	構造
ギア	深さ
レバー	分布
建設	角度

53 - Kaffee

魔	写	香	動	読	キ	喜	品	ラ	砂	シ	写	イ	味
ジ	イ	味	り	価	法	品	ジ	狩	糖	品	イ	り	編
酸	狩	み	キ	格	編	釣	ク	読	プ	写	書	撮	芸
ダ	性	ダ	苦	品	動	陶	イ	ジ	リ	品	書	ク	シ
書	ゲ	魔	影	ン	編	液	品	ハ	朝	味	カ	ッ	プ
猟	編	撮	プ	カ	狩	体	グ	び	り	喜	画	ラ	絵
味	ク	読	イ	フ	イ	活	画	ジ	シ	法	び	ブ	エ
ダ	絵	ダ	び	ェ	元	喜	写	ー	絵	影	画	狩	リ
写	釣	ー	プ	イ	書	物	シ	パ	法	ル	絵	プ	ル
品	真	読	ダ	ン	読	プ	ダ	ク	リ	ー	ム	興	キ
活	写	活	ク	ゲ	パ	品	ダ	興	ム	ク	撮	ム	水
興	ー	編	シ	リ	ハ	活	ー	陶	フ	ィ	ル	タ	ー	興
リ	編	魔	影	物	び	編	ク	興	び	釣	ミ	ン	挽
ン	レ	書	ゼ	狩	絵	写	魔	味	狩	ム	読	飲	く
ム	画	活	パ	猟	真	読	ダ	ン	狩	写	ャ	法	料	ハ

香り	挽く
苦い	ミルク
クリーム	価格
フィルター	酸性
液体	ブラック
飲料	カップ
カフェイン	砂糖

54 - Gemüse

ジ	じ	真	読	園	エ	茄	子	真	影	味	絵	シ	み	カ
喜	写	ゃ	グ	絵	玉	葱	陶	ャ	ト	ャ	影	リ	ー	リ
絵	影	写	が	品	リ	ア	魔	ル	ー	マ	画	狩	ョ	フ
ニ	ン	ニ	ク	い	絵	も	イ	サ	ラ	ダ	法	ウ	ラ	ラ
編	猟	狩	ゲ	猟	り	ィ	エ	ー	エ	ン	び	り	ガ	ワ
真	り	レ	レ	ゼ	ィ	ズ	芸	ー	オ	ド	り	ん	じ	ー
ハ	レ	ダ	芸	ラ	チ	エ	品	グ	リ	び	に	ん	じ	ん
ン	書	エ	ゼ	ク	ョ	園	ャ	真	ー	コ	ノ	キ	品	品
写	撮	魔	び	撮	ジ	ー	ム	エ	陶	ブ	カ	ッ	品	魔
影	写	編	ハ	動	ン	ク	ダ	セ	ロ	リ	興	レ	ロ	味
グ	陶	品	ル	キ	ュ	ウ	リ	グ	物	り	パ	セ	リ	ブ
ほ	う	れ	ん	草	か	喜	写	魔	シ	プ	ラ	プ	み	喜
影	猟	み	レ	喜	ぼ	キ	ゼ	法	ー	品	法	ジ	影	喜
エ	レ	芸	写	狩	ち	魔	狩	リ	味	キ	ャ	ハ	イ	レ
ハ	絵	影	イ	ズ	ゃ	グ	ゲ	撮	リ	活	写	ダ	芸	物

アーティチョーク　　　かぼちゃ
茄子　　　　　　　　　オリーブ
カリフラワー　　　　　パセリ
ブロッコリー　　　　　キノコ
エンドウ　　　　　　　カブ
キュウリ　　　　　　　サラダ
ショウガ　　　　　　　セロリ
にんじん　　　　　　　ほうれん草
じゃがいも　　　　　　トマト
ニンニク　　　　　　　玉葱

55 - Schönheit

ラ 園 ル 味 活 フ 動 猟 色 カ ハ ト 喜 狩 優
魅 猟 イ イ グ ォ 真 ラ 陶 ー プ ン ャ シ 雅
リ カ は さ み ト ロ 興 影 ル 興 ガ ゲ ズ ン
マ ス カ ラ レ ジ ー 紅 ズ イ 園 レ ダ 味 品
ズ 編 ダ ム ラ ェ 狩 イ 品 オ 喜 エ ジ 影 写
び 興 ク 園 ル ニ ゲ み ラ 味 撮 園 ン 法 み
影 書 絵 エ ン ッ エ り グ ジ 読 品 書 喜 編
肌 真 真 画 鏡 ク 芸 香 ジ 動 魔 魔 ラ ク
キ ス ビ ー サ 画 み 写 プ り 芸 陶 写 ハ 絵
味 タ み ジ 編 レ イ 物 ル ャ エ ラ 編 動 ダ
影 イ キ ダ ム キ 化 味 芸 釣 真 ダ 動 味 撮
物 リ 味 真 ャ ダ 粧 ハ ズ シ 品 ン 法 陶 エ
興 ス ト 撮 物 影 活 品 み 絵 ー リ キ 影 絵
書 ト 味 ダ び ハ 製 味 ン 画 活 園 ラ ム 撮
陶 エ ゼ 物 ク 物 ダ ル 動 ハ 真 ラ 品 味 パ

魅力   カール
サービス   オイル
香り   製品
エレガント   はさみ
優雅   シャンプー
フォトジェニック スタイリスト
化粧品   マスカラ
口紅

56 - Ernährung

ダ	エ	重	書	真	編	バ	ラ	ン	ス	プ	品	食	ャ	グ
狩	ム	さ	ジ	ル	編	キ	猟	魔	動	法	り	用	ム	び
ム	プ	ク	真	魔	食	ハ	ン	画	ジ	ー	ゲ	魔	編	ダ
狩	法	猟	キ	ン	動	欲	部	分	毒	素	養	栄	消	化
ビ	芸	レ	り	陶	ク	興	書	品	ズ	読	ハ	活	ル	ハ
タ	パ	び	影	喜	興	び	ゼ	物	パ	動	り	シ	ゼ	パ
ミ	動	ク	物	ジ	品	ゲ	絵	健	喜	炭	水	化	物	び
ン	パ	撮	芸	味	読	パ	真	康	リ	ゲ	撮	陶	ハ	魔
読	絵	物	り	キ	レ	撮	釣	ズ	撮	興	ャ	工	読	ゲ
び	び	物	真	キ	ゼ	リ	キ	ー	ゲ	ン	真	プ	ン	ゼ
味	ル	イ	カ	ダ	イ	エ	ッ	ト	発	ハ	ャ	書	動	書
グ	ャ	動	ロ	編	ゼ	活	画	イ	酵	真	ラ	ハ	苦	陶
味	エ	ハ	リ	ム	魔	ク	魔	シ	ク	ク	ズ	元	い	魔
品	品	ル	ー	シ	ジ	法	味	影	び	イ	影	気	読	ゲ
絵	質	ク	パ	ン	タ	活	興	ラ	動	法	読	ソ	ー	ス

食欲	炭水化物
バランス	栄養素
苦い	部分
ダイエット	タンパク質
食用	品質
発酵	ソース
元気	毒素
健康	消化
重さ	ビタミン
カロリー	

釣	ハ	写	ズ	り	写	物	カ	ー	釣	ノ	読	喜	書	エ
物	ド	陶	パ	エ	ポ	書	ン	ジ	味	物	ル	グ	味	法
影	イ	パ	書	品	ー	ー	ボ	ハ	ジ	陶	ジ	ウ	リ	写
シ	ツ	パ	び	ク	ラ	イ	ジ	シ	レ	ハ	ラ	芸	ェ	書
ニ	カ	ラ	グ	ア	ン	釣	ア	真	ャ	写	ブ	ス	ー	ャ
味	釣	キ	ン	キ	ド	喜	リ	芸	ハ	動	読	ペ	ャ	動
猟	喜	ム	ゼ	ル	ン	釣	タ	法	ゼ	猟	ー	イ	ゲ	イ
リ	ー	品	マ	ー	ラ	法	イ	ゼ	喜	レ	ャ	ン	影	真
リ	り	ル	リ	り	ン	セ	物	ム	影	り	ダ	カ	ラ	ベ
エ	プ	魔	ー	び	ィ	リ	ネ	ハ	狩	イ	イ	ナ	ト	影
真	ジ	エ	ク	マ	フ	活	ベ	ガ	エ	真	ム	ダ	パ	狩
ラ	ト	ビ	ア	キ	ニ	ン	ネ	ル	真	写	レ	エ	ム	ゲ
写	レ	真	り	ダ	芸	ア	ズ	プ	活	ド	ダ	ジ	園	釣
影	シ	レ	み	真	レ	ム	エ	芸	ム	エ	エ	プ	ラ	ダ
イ	ス	ラ	エ	ル	陶	ズ	ラ	影	ラ	み	エ	ト	ズ	ダ

エジプト
ブラジル
ドイツ
フィンランド
インド
イラク
イスラエル
イタリア
カンボジア
カナダ

ラトビア
マリ
ニカラグア
ノルウェー
ポーランド
ルーマニア
セネガル
スペイン
ベネズエラ
ベトナム

58 - Technologie

```
フォントイソダ画絵デ魔ンイグ喜
ウパ動写猟フ撮ジターュピンコ絵
イレキ統ラトイバ活タレりブログ
ル釣ク陶計ウキー魔び活安画品興
ス工芸魔みェ撮影興ゲ読全園猟活
ー興園ル撮ア園編魔画面ズ興陶ラ
写編ブレ影喜狩影陶パシ釣レび陶
ズりカラメカ興画画書びクびレラ
影ャ法ーウエレ法写活画仮想パシ
工写編狩ソザジゲエプ品喜読魔編
シ陶芸喜シルイァフ芸真写活パ動
園陶クグレタ物研究レりり魔プ喜
エグり興びジーセッメ写園芸ル猟
プリ狩興リデインターネット喜み
ン編工読味キ興ム書編法ダレゲ書
```

画面	インターネット
ブログ	カメラ
ブラウザ	メッセージ
バイト	フォント
コンピュータ	安全
カーソル	ソフトウェア
ファイル	統計
データ	仮想
デジタル	ウイルス
研究	

59 - Wasser

工 魔 ハ 絵 ジ 灌 漑 ク 読 ゼ ン 猟 運 河 モ ン
写 イ リ 影 キ 飲 釣 シ エ ゼ り 真 陶 ハ プ ン ス
釣 陶 ケ ン レ め ン ラ ダ り 影 グ 芸 影 ス ー
ン 動 ー 陶 味 る 編 ル プ 絵 パ 品 た ゃ ン ー
猟 活 ン 洪 興 編 ハ ー ラ ダ 波 レ 書 っ ン 湿
ラ 読 味 水 物 活 読 リ 影 喜 画 狩 釣 活 度
ク 湖 シ プ 画 興 ズ 動 真 り ン キ 法 物 エ
ジ 狩 パ ク パ 動 レ ズ 陶 芸 魔 リ 味 ゼ 法
読 動 味 魔 エ ゼ 編 釣 り 絵 興 ム み 品 興
び 狩 リ 狩 り 味 ラ パ ハ 写 エ ズ ン り
撮 ク ル ズ ズ 釣 レ 狩 猟 レ 海 芸 み 活
シ ャ ワ ー 気 ー 画 動 絵 氷 興 ー 洋 エ 泉
ャ 写 絵 ラ 蒸 ダ 法 ダ 興 パ 画 川 間 欠 ダ
品 び リ 味 発 興 写 ー 園 雨 シ 活 猟 ル エ
ム イ 編 編 真 絵 編 ム 撮 霜 ゲ 真 読 雪 工

灌漑	ハリケーン
蒸気	運河
シャワー	モンスーン
湿った	海洋
湿度	飲める
洪水	蒸発
間欠泉	

60 - Science Fiction

パ イ グ 猟 素 園 び 陶 ゲ ゼ シ 撮 ユ 世
影 オ リ ナ シ 晴 銀 ロ ボ ッ ト ネ リ 界
芸 写 ュ ゼ 現 ら 河 編 影 撮 マ プ 猟 興
ズ ク ー な 実 し ディ スト ピ ア 狩 ピ 品
喜 物 ジ ク 的 い 法 パ プ ラ 狩 シ 虚 園
ラ ン ョ 画 リ 秘 技 プ 物 ク エ ア 園 数
狩 絵 ン 活 興 ダ 神 ダ 読 ズ ゼ プ シ 狩
ゼ ジ シ 芸 書 ラ 書 ク 興 喜 オ 読 ク
ン び ゼ 籍 読 ル び 爆 発 味 ム ラ 写 ク
レ 狩 魔 狩 ジャ ジ グ ン 陶 プ ク 読 ク
ゲ 魔 釣 狩 真 品 シ グ 喜 陶 イ ル 惑
プ ゲ 影 興 グ ー エ 書 釣 ー 書 プ シ 星
写 化 学 薬 品 ン ゲ ゼ プ 動 未 来 的 物 陶
グ み 火 魔 編 魔 写 撮 ー 絵 味 品 工 法
影 ム 魔 ズ ム び 法 真 ゼ ン ン 魔 ラ 編 芸

書籍
化学薬品
ディストピア
爆発
素晴らしい
未来的
銀河
神秘的な
イリュージョン
虚数

シネマ
オラクル
惑星
現実的
ロボット
シナリオ
技術
ユートピア
世界

61 - Literatur

ル	ク	画	書	編	マ	レ	ン	ル	撮	ャ	キ	ム	イ	芸
ム	真	釣	ナ	レ	ー	タ	ー	芸	キ	レ	シ	ム	イ	陶
グ	リ	プ	絵	猟	テ	撮	ダ	読	撮	ハ	ゼ	キ	釣	物
キ	ダ	説	明	真	物	撮	活	ハ	パ	陶	園	品	ラ	シ
品	釣	猟	悲	影	味	物	結	論	分	小	説	物	法	レ
猟	イ	イ	劇	ス	活	ズ	芸	魔	析	動	芸	り	真	詩
狩	類	推	逸	真	タ	プ	パ	ル	画	魔	伝	的	記	イ
著	者	び	真	話	興	イ	フ	ィ	ク	シ	ョ	ン	真	編
編	活	対	話	魔	釣	魔	ル	興	味	リ	ズ	ム	真	書
猟	撮	り	芸	真	エ	グ	ダ	プ	ダ	読	味	編	ン	狩
レ	ン	読	エ	パ	シ	喜	撮	ラ	読	味	ズ	み	ー	ハ
画	び	真	較	び	法	ン	レ	編	読	シ	興	ダ	画	編
レ	活	ゼ	比	喩	書	エ	画	編	ジ	韻	ー	読	画	画
活	ム	グ	シ	ゲ	写	ル	写	み	ン	喜	写	猟	ム	活
レ	ゼ	リ	ム	活	ン	ダ	園	読	味	リ	ム	法	読	ャ

類推	比喩
分析	詩的
逸話	リズム
著者	小説
説明	結論
伝記	スタイル
対話	テーマ
ナレーター	悲劇
フィクション	比較

62 - Wandern

画撮ャエキ動活活エ撮リサ動キハ
ゼイ準備ャ物興法ン狩エミ動読
ラ園影ャン興りイ気候りッゼ味
書ム疲写ンプ書影ジみキハトイレン撮
地ク陶れグ絵水ゲ活ジ園影興写
図園ゲプた編写撮狩法動物味法陶
オリエンテーション公物読味書プ
崖法興ムり喜リり動園撮ク釣園み
芸読クみ猟味活ー絵クラキイ法絵
物ン狩編写シ陶活ブ園ャ編エダい
ゼ猟ム絵狩ー影真動ーイゼ書重自
天気ガイド太陽び味ツイジ然
園り影猟法み撮画野生ル動ルジ猟
ラゲ喜絵絵味レ園クり喜ズャ動み
喜狩芸編クパ陶ル猟石品ーリ魔ゼ

キャンプ	公園
ガイド	重い
サミット	太陽
地図	ブーツ
気候	動物
疲れた	準備
自然	天気
オリエンテーション	野生

63 - Globale Erwärmung

```
品 グ びゃ 釣 レ キ び グ 編 シ パ ム 影 グ
生 ジ 法 猟 撮 狩 シ 釣 法 イ 北 極 読 ラ
影 息 律 編 ダ 動 写 動 芸 ル 活 ハ 芸 ン
ハ 読 地 発 達 釣 画 物 写 パ パ 影 グ 真
活 ラ 真 ゲ み パ ズ 危 機 エ ゲ み ジ ダ
び ダ 絵 興 猟 グ ダ ゲ ガ ス び 動 活 ク
ズ 世 シ エ 人 絵 ラ 撮 ラ り 絵 ム 狩 影
エ 代 み ネ キ ロ ゼ 影 ジ 画 ャ 猟 物 エ
び ム 編 ル キ イ ム 書 園 ゲ レ 影 味 今
業 界 絵 ギ ル 喜 絵 書 プ 注 意 芸 プ 写
ャ 絵 タ ー デ ー 読 政 狩 活 ム 国 際 リ
真 読 ズ レ ゼ み 法 一 府 ム ラ 際 味 ン
ル プ 撮 物 シ ゼ 読 読 ラ び 読 シ ハ 動
温 猟 猟 ム ラ ン 読 読 シ 釣 物 影 学 撮
度 喜 ク 芸 画 気 候 環 境 未 来 編 読 者 撮
```

北極
注意
人口
データ
エネルギー
発達
ガス
世代
法律
業界

国際
気候
危機
生息地
政府
温度
環境
科学者
未来

```
法 書 魔 イ ル ケ エ ー ジ カ イ マ ャ ジ ダ
ー 影 ダ 日 本 ニ グ 陶 絵 活 メ キ シ コ ウ
グ 味 書 影 エ ア ク 園 エ イ 真 リ ギ 撮 ク
リ 品 芸 園 狩 び 魔 ク 園 読 ル グ ギ 真 ラ
活 影 魔 り ア リ シ 読 ン グ キ ズ ー 読 イ
ア シ ロ 活 ウ ル ム 書 絵 み 猟 フ ゼ ナ ナ
イ ピ 猟 レ ガ パ バ 画 動 品 リ ラ 園 ネ イ
ル 喜 オ 猟 ン ハ キ ニ 編 写 ベ ン 魔 パ ジ
ラ ム 法 チ ダ イ 法 ス ア 動 リ ス エ ー ェ
ン ダ ー ス エ チ ダ オ タ 撮 ア ル 編 ル リ
ド 読 興 画 ダ ー び ラ 園 ン ャ 書 ラ 狩 ア
リ 読 ゼ び 陶 ゲ 真 狩 リ プ 法 真 ム ン ア
味 写 ム ゲ 真 狩 喜 レ 興 活 ク 書 興 画 園
ゼ 写 物 物 釣 写 猟 ズ 書 ズ 興 り ラ イ ゼ
シ 撮 ゲ プ ズ ン 動 撮 エ 編 法 ム イ ゼ パ
```

アルバニア	リベリア
エチオピア	メキシコ
フランス	ネパール
ギリシャ	ナイジェリア
ハイチ	パキスタン
アイルランド	ロシア
ジャマイカ	スーダン
日本	シリア
ケニア	ウガンダ
ラオス	ウクライナ

65 - Fahrzeuge

```
喜 い グ プ ス グ み ー 読 ゼ キ タ 活 狩 プ
シ か 園 り 興 ク 絵 シ ゲ ロ ャ 書 ク 猟 ハ
ム だ ボ ー イ ー 興 動 ケ ラ ゼ 喜 シ 猟 猟
プ シ び ラ ク ー 画 タ ラ ッ バ 園 動 園 ー
救 撮 ハ 喜 グ 自 転 車 ー ト ン グ ヘ 画 リ
急 キ び 物 ゲ 飛 行 機 地 下 鉄 ジ リ ル ェ
車 活 品 パ レ イ ズ 魔 ダ 物 物 狩 コ 読 フ
列 喜 品 ト モ 魔 芸 グ 動 潜 水 艦 プ 魔 編
り 品 陶 ラ ー リ ス エ ャ 魔 プ 芸 び タ ク
ダ 陶 ク タ 味 ム び 影 陶 影 グ プ ー 撮 パ
パ エ タ ー ラ 書 興 法 み び 影 リ 喜 ゲ 画
ャ 活 ー 影 ラ ゲ 画 パ シ ム ト ー ゲ 園 狩
パ 園 プ グ 園 イ み 園 プ ゼ ラ プ 真 魔 編
タ イ ヤ グ エ 狩 釣 ー エ 絵 ッ 真 影 園 び
ラ イ 書 レ 興 パ 法 編 動 び ク エ 画 味 物
```

ボート	ロケット
バス	タイヤ
自転車	スクーター
フェリー	タクシー
いかだ	トラクター
飛行機	地下鉄
ヘリコプター	潜水艦
救急車	キャラバン
トラック	列車
モーター	

66 - Musikinstrumente

```
パ リ ハ 園 魔 グ 書 編 バ ゲ ラ ル 書 味 プ
ジ 猟 リ ム 活 グ ク ダ イ 絵 ダ ゲ 絵 法 猟
芸 ム フ 園 芸 書 エ チ オ グ ン ゴ グ ゲ ク
芸 ン ル エ 芸 書 園 チ リ ロ ョ 芸 写 ズ ラ
ダ 撮 ー ョ ジ ン バ ェ ン リ ピ 魔 法 チ リ
画 プ ト ボ 猟 ハ 芸 興 リ ア カ ク ス ャ ネ
フ 品 キ ク ン ジ 狩 釣 バ ン ー ゲ ス イ ッ
物 ァ 真 ゼ ゲ ロ 園 キ ン ラ パ ッ 書 ム ト
影 ダ ゴ プ ル ル ト ラ パ ー ッ ト 影 書 イ
キ 猟 グ ゲ 園 影 ト ラ ン ペ ッ ト 影 写 魔
画 ラ プ エ ト り ラ ダ 品 芸 プ ム ダ 狩 園
プ ム ム オ ー ボ エ シ 釣 釣 ン ラ 物 写 パ
ハ ー プ ラ タ キ エ 園 書 マ ン ド リ ン 写
魔 ク シ 魔 ギ ハ ー モ ニ カ シ ジ ム 法 動
び リ エ ル 喜 グ 読 興 キ ラ プ 書 画 興 興
```

バンジョー	ピアノ
チェロ	マンドリン
ファゴット	ハーモニカ
フルート	オーボエ
バイオリン	トロンボーン
ギター	サックス
チャイム	パーカッション
ゴング	タンバリン
ハープ	ドラム
クラリネット	トランペット

67 - Blumen

```
ラ ゼ リ 影 ゲ 芸 ひ 法 味 ン 写 興 プ ズ レ
ベ り ー ト ゼ イ ま 撮 喜 ム 陶 ク ー 味 ル
ン ハ 撮 絵 ケ 法 わ ハ ル 百 レ 品 猟 興 園
ダ イ ポ ピ ー イ り 狩 イ 合 陶 興 ズ リ 物
ー リ 園 猟 品 牡 ソ ジ 花 ビ イ イ び 真 み
ク ロ ー バ ー プ 丹 ウ 束 物 ス り 動 花 弁
ッ ジ ジ 猟 撮 書 ズ 蘭 猟 パ カ 書 書 ハ
ラ プ イ リ み 釣 グ ラ 狩 レ キ ス ラ ム ク
イ キ デ 絵 び ー シ パ 陶 動 ン 読 品 ム チ
ラ パ エ 画 真 タ ン ポ ポ プ ラ ャ プ ン ナ
興 み 喜 味 興 味 釣 狩 釣 ル エ プ 写 ゼ シ
法 ダ 喜 ラ 物 ジ 魔 写 ル メ パ 味 リ レ プ
ム ジ 編 ゼ ム ラ 興 味 リ ル ゲ ズ 撮 物
ジ ャ ス ミ ン 画 撮 書 影 ア リ ノ グ マ 興
チ ュ ー リ ッ プ ム エ ラ 読 喜 ハ 猟 味 ハ
```

花弁	タンポポ
クチナシ	マグノリア
デイジー	ポピー
ハイビスカス	トケイソウ
ジャスミン	牡丹
クローバー	プルメリア
ラベンダー	ひまわり
ライラック	花束
百合	チューリップ

68 - Natur

美	パ	味	サ	活	法	プ	影	芸	ジ	シ	ェ	ル	タ	ー
し	砂	漠	書	ン	レ	び	レ	グ	ジ	魔	野	生	ン	画
さ	ー	書	葉	川	ク	写	喜	エ	穏	物	ト	ム	編	ン
イ	動	山	興	霧	蜂	チ	氷	河	や	森	ロ	ク	影	ン
法	ゲ	パ	イ	ダ	エ	写	ュ	ム	か	編	ピ	イ	釣	シ
影	画	喜	園	撮	魔	写	北	編	ア	ダ	ン	カ	要	ハ
写	法	ラ	法	動	極	編	ム	陶	リ	プ	ル	リ	パ	真
ラ	リ	喜	品	読	味	魔	み	エ	園	平	和	書	ー	レ
パ	ゲ	動	釣	ル	猟	み	ゼ	シ	魔	工	興	物	キ	画
活	ハ	ゲ	ー	ハ	キ	撮	ズ	ジ	物	撮	活	ジ	物	シ
ー	真	魔	キ	釣	動	写	ー	ズ	グ	興	釣	真	写	ゲ
ジ	写	ゲ	猟	リ	物	み	影	キ	物	り	み	ン	猟	イ
真	プ	狩	リ	狩	ゼ	り	狩	ル	味	影	動	的	ク	画
み	キ	ル	侵	陶	ー	動	編	活	ズ	狩	物	絵	動	猟
釣	芸	写	食	編	品	グ	リ	プ	芸	動	ム	釣	真	動

北極
動的
侵食
平和
氷河
サンクチュアリ
穏やか

重要
美しさ
シェルター
動物
トロピカル
野生
砂漠

写園真グリレー活芸狩ダゲ外編ル
レンゲ真書影パジハ活動園国旅園
ャラ真グ絵エビ芸真絵法グ人絵ダ
書ンレダ活動ーャジレ興法ゲ影キ
レゼび味ンクチ海真タクシーダみ
ダグ空ャ狩エみ陶園芸書猟キ山キ
写ル撮港活品ゼ活書真撮工絵絵絵
園法魔写休島書キ陶ゼ法動交地図
芸動猟読プ日味陶りゼみ釣通列リ
撮ン影真品法興味読キャンプ車影
味読撮真ルテホみダみ活リ写シ真
ズ芸編プびシンレストランム読画リ
パスポート陶ハト行き先猟書編ゼ
エズ興編陶陶ハ編レ芸園ク品影ャ
ジ物写動シジ品ンズビザシ芸活ャ

外国人	ビーチ
キャンプ	タクシー
空港	交通
レジャー	休日
ホテル	ビザ
地図	テント
パスポート	行き先
レストラン	列車

70 - Barbecues

ゼ	フ	イ	ナ	ハ	活	ハ	ク	写	り	プ	ン	ジ	レ	子
ハ	ォ	コ	ショ	ウ	ー	プ	喜	活	芸	レ	エ	物	供	
リ	ー	ホ	興	シャ	キ	読	写	興	味	ラ	魔	動	写	達
プ	ク	法	ッ	ジ	編	ハ	ン	狩	ル	魔	芸	ゲ	菜	撮
影	ャ	編	園	ト	飢	パ	法	影	狩	ダ	野	画	味	
ー	ラ	編	グ	ダ	餓	塩	喜	エ	興	物	ル	り	音	編
釣	ジャ	夏	陶	り	ラ	喜	ダ	撮	ゲ	陶	法	楽		
ク	プ	プ	ク	釣	グ	読	狩	ン	猟	物	品	法	パ	
ク	喜	影	ル	猟	園	ゼ	ダ	エ	物	魔	芸	釣	イ	
り	レ	魔	ハ	魔	グ	画	ラ	プ	ダ	味	り	ジ	ハ	
グ	イ	ン	芸	編	チ	ラ	サ	法	タ	食	び	狩	ゼ	
猟	絵	グ	ク	活	読	キ	イ	法	ゲ	プ	魔	活	ツ	び
レ	パ	エ	物	ハ	芸	書	ン	釣	ー	猟	グ	ス	ー	ソ
料	ャ	陶	物	活	チャ	キ	画	家	ム	味	グ	リ	ル	芸
魔	理	ズ	ジ	芸	撮	園	釣	族	絵	エ	ン	絵	フ	味

夕食	子供達
家族	料理
フルーツ	ナイフ
フォーク	ランチ
野菜	音楽
グリル	コショウ
ホット	サラダ
チキン	ソース
飢餓	ゲーム

71 - Schach

```
魔 ダ び び ジ ー プ 撮 物 女 王 グ ゲ 興 ク
イ 芸 リ 釣 ダ ル り レ ダ 味 釣 読 写 プ り
ポ イ ン ト ラ シ ラ 芸 一 喜 ズ 対 法 編 味
レ 喜 狩 エ イ 味 品 リ 真 ヤ 猟 角 ジ 園 興
ゲ ー ム ハ 犠 キ リ ル ダ ー ャ ム ゲ ン
写 戦 り 園 牲 編 ジ ン 編 魔 一 読 絵 一 味
影 写 略 チ ャ ン ピ オ ン 時 間 ル 写 ゲ 一
エ グ 味 書 興 賢 パ 書 シ 書 ゼ イ 狩 学 陶
釣 パ ッ シ ブ い 画 撮 ル キ ク レ ズ ぶ 品
パ グ 興 パ ャ 白 ト ン メ ナ 一 ト ル た み
芸 エ 活 味 影 活 ス 芸 パ 品 園 書 一 め 写
画 ズ ジ 法 リ キ テ 猟 編 ゃ び 活 ル に パ
パ 撮 真 味 ゼ イ ン グ 狩 法 影 ム ャ 撮 ゼ
書 画 陶 陶 ル 物 コ グ 興 陶 釣 読 ゼ レ 品
一 動 ゲ ブ ラ ッ ク 相 手 ゼ 撮 芸 ム エ 影
```

チャンピオン	ルール
対角	ブラック
相手	ゲーム
賢い	プレーヤー
キング	戦略
女王	トーナメント
学ぶために	白い
犠牲	コンテスト
パッシブ	時間
ポイント	

72 - Erhaltung

イ	有	機	系	態	生	プ	削	喜	興	パ	品	ハ	活	ナ
ジ	キ	キ	興	エ	息	ズ	減	水	み	喜	イ	味	り	チ
サ	環	プ	物	ダ	地	撮	釣	グ	み	狩	物	工	緑	ュ
イ	境	教	プ	ャ	法	び	り	レ	品	動	ラ	影	ジ	ラ
ク	み	育	ク	シ	持	書	陶	品	り	絵	読	リ	ャ	ル
ル	味	絵	キ	絵	続	汚	品	園	味	ダ	釣	影	パ	ク
化	ズ	味	ク	健	可	イ	染	絵	気	ル	グ	ー	撮	イ
猟	学	真	写	康	能	物	ジ	ゼ	ズ	候	農	薬	芸	サ
ャ	グ	薬	影	絵	シ	動	物	ゼ	影	法	園	パ	み	リ
真	興	ズ	品	真	プ	撮	リ	真	編	イ	ハ	物	エ	魔
喜	ラ	興	キ	ダ	編	ー	芸	活	ゼ	芸	ジ	猟	イ	狩
書	シ	ボ	ラ	ン	ティ	ア	読	味	ダ	真	グ	ル	レ	ズ
興	シ	書	狩	み	ズ	園	プ	ャ	ハ	喜	動	り	キ	エ
ゲ	品	レ	興	ズ	レ	編	釣	味	り	魔	工	編	キ	ク
読	み	ン	魔	レ	ク	ジ	書	魔	芸	魔	動	み	キ	法

教育	有機
化学薬品	生態系
ボランティア	農薬
健康	リサイクル
気候	削減
生息地	環境
持続可能	汚染
ナチュラル	サイクル

73 - Geographie

興 編 園 絵 物 ラ ャ ー 書 川 ム 真 キ ジ ゲ
ム シ ズ レ ク 品 喜 陶 魔 パ リ 物 グ シ 興
ダ キ エ び ク レ 芸 大 プ ル 画 イ ズ 読 写
興 ジ レ レ 影 ー プ り 陸 影 物 狩 画 ー 書
み 撮 ゼ 画 山 パ ル 写 り 物 シ 魔 市 真 ダ
子 プ ク 書 み ム 読 イ 陶 シ ム ゼ 世 界 味
午 書 ム 書 り 魔 北 園 釣 シ グ レ 陶 画 真
線 動 動 活 品 キ ー 海 ラ 動 陶 ゼ ゲ ズ 活
ン び リ 影 り ハ 活 品 リ 味 喜 活 ラ ル ム
興 ク み ズ ダ び ー 西 ズ ハ ラ 品 活 キ 猟
喜 園 レ 狩 ジ 釣 興 ゲ 領 興 釣 真 絵 み ン
み シ エ 赤 道 プ 緯 興 域 釣 真 絵 ス 半 球
ジ 物 地 芸 猟 海 度 興 地 法 品 影 ラ 編 パ
プ 園 ク 図 撮 洋 高 陶 国 ダ 物 ー レ ル
エ 味 釣 島 プ み 釣 シ ゲ エ 影 ャ み 狩 書

アトラス	地図
赤道	大陸
緯度	子午線
地域	海洋
半球	領域
高度	世界

74 - Zahlen

ゲ 物 ル イ 四 十 ゼ 猟 興 影 十 八 物 イ キ
ゲ ー シ リ キ ゼ 六 物 物 法 編 読 法 撮 四
ン 書 ャ ハ 魔 三 パ 猟 喜 ジ シ 魔 園 ニ 影
ラ ラ ダ ゲ 動 書 編 リ 影 真 セ 十 ニ ャ ハ
ラ 園 影 エ 物 ル 狩 リ ゼ 陶 ブ 十 一 画 キ
ャ 陶 真 ゲ 五 十 レ 編 真 ロ ン ゼ り び ゲ
魔 ム ー セ ブ ン ティーン 興 ゼ 陶 び 写 グ ジ ル
品 ダ 法 画 狩 十 一 り ダ 真 び 写 グ ジ ル
パ シ 書 エ 品 三 ム シ ゼ 二 十 ル 猟 グ ー
芸 八 十 九 パ シ 園 猟 び ゲ 活 読 エ イ 猟
釣 ク り ゲ ゼ 品 ジ 狩 狩 撮 編 プ レ び リ
猟 ン 品 ー 小 品 イ プ 品 猟 ゼ ー ム 読 ラ
ジ ク 法 び 数 狩 読 ダ キ リ ゼ 画 ズ パ 読
ハ ゲ 陶 び 法 読 ズ 書 画 ズ シ キ エ 喜 パ
ゲ 法 パ 写 味 ズ 喜 ル り 芸 リ 写 ハ 芸 ダ

十八
小数
十三
十五
十九
ゼロ

十六
セブン
セブンティーン
十四
二十
十二

75 - Kunst Liefert

ク	編	釣	芸	プ	陶	ゲ	キ	絵	り	魔	消	芸	絵	キ
レ	絵	魔	読	ズ	絵	園	パ	書	シ	芸	し	味	エ	釣
び	ル	釣	読	園	ー	の	味	ゼ	ル	ー	ゴ	編	ム	イ
絵	グ	ゲ	編	鉛	ジ	り	グ	ム	リ	ゼ	ム	水	み	釣
ズ	撮	芸	ズ	筆	レ	ン	ヨ	レ	ク	書	ー	芸	魔	キ
創	ゼ	ジ	ク	キ	シ	喜	炭	動	ア	真	影	イ	ン	ク
ゲ	造	物	粘	椅	レ	ゲ	プ	み	デ	狩	ゼ	プ	紙	味
ハ	魔	性	土	子	書	芸	ゼ	イ	ク	陶	色	プ	読	動
び	狩	ム	園	り	み	撮	狩	魔	ア	動	編	興	読	興
キ	ゼ	画	編	法	魔	イ	レ	喜	テ	ー	ブ	ル	法	シ
イ	ン	猟	ー	ャ	釣	絵	書	画	油	ク	ル	ダ	ダ	動
ブ	物	喜	ゼ	園	ン	カ	メ	ラ	ゼ	書	撮	イ	プ	法
り	ラ	狩	味	興	魔	ダ	法	真	芸	読	猟	り	プ	み
撮	ル	シ	物	品	編	エ	喜	興	味	ャ	ズ	狩	ダ	写
法	ゲ	絵	絵	ム	画	影	ズ	芸	イ	ャ	撮	ダ	味	ャ

アクリル	のり
鉛筆	消しゴム
クレヨン	イーゼル
ブラシ	椅子
アイデア	テーブル
カメラ	インク
創造性	粘土

絵 物 ラ 陶 金 五 月 物 ゲ レ 真 芸 土 喜 品
狩 猟 キ ー ー 曜 八 真 ン り 芸 陶 曜 興 ズ
六 絵 写 ズ ジ プ 日 曜 火 り キ 画 日 曜 木
月 ニ ン 法 ラ 魔 曜 ダ リ 編 喜 ラ 七 月 び
シ 猟 ー 真 リ 写 日 狩 写 品 プ シ ズ ダ 編
ハ エ バ 真 り イ 真 真 猟 狩 ン プ 喜 編 編
エ 狩 ン プ ハ ダ ゲ ム 読 活 プ 真 興 ハ 釣
書 イ テ リ 品 び ズ ル 陶 み 狩 法 行 進 ジ
ダ ム プ 喜 十 一 月 園 魔 書 リ 味 芸 曜 ン
ャ 写 セ リ 動 カ 編 ル パ 曜 エ 月 書 日 ャ
物 イ ー パ ル レ み 週 グ り 釣 シ 書 読 ン
絵 ク ゼ 魔 影 ン 陶 グ 陶 活 プ 法 味 ラ ャ
猟 法 ズ 興 月 ダ 影 ゲ 活 ク 年 動 釣 読 書
絵 真 ハ び み ー ャ ー レ グ ク 釣 猟 ラ ラ
グ 真 エ ハ 編 プ 絵 ゲ ル エ 写 影 編 ラ シ

エイプリル	五月
八月	行進
火曜日	水曜日
木曜日	月曜日
二月	十一月
金曜日	土曜日
七月	セプテンバー
六月	日曜日
カレンダー	

77 - Zu Füllen

パ	ケ	ッ	ト	ッ	ケ	ス	バ	狩	物	花	瓶	法	リ	ズ
レ	ッ	ポ	陶	レ	品	ズ	ー	浴	槽	び	ズ	封	グ	レ
狩	ジ	ケ	ル	り	物	び	ダ	ケ	園	写	び	筒	品	写
ク	ラ	ッ	バ	影	活	シ	ジ	箱	ツ	真	シ	喜	品	魔
イ	レ	ト	シ	物	撮	チ	ズ	グ	読	ー	狩	ー	猟	プ
動	パ	写	ー	品	喜	ュ	リ	り	プ	ャ	ス	ル	パ	撮
陶	ジ	品	び	レ	エ	ー	魔	品	陶	動	び	グ	ク	法
真	パ	ラ	ク	興	ク	ブ	グ	興	真	レ	ラ	プ	キ	パ
狩	絵	狩	プ	写	ゲ	び	興	狩	陶	法	狩	写	パ	陶
ー	ン	シ	レ	撮	バ	物	キ	プ	ー	芸	レ	ジ	ー	動
み	法	ャ	撮	ム	レ	エ	編	写	リ	ン	リ	引	エ	芸
り	画	ゲ	編	喜	ル	イ	ム	ハ	味	真	み	き	フ	ゲ
釣	園	物	ン	ラ	ト	陶	写	猟	猟	読	興	出	ォ	物
画	ム	容	絵	ジ	ボ	魔	芸	陶	法	物	ハ	し	ル	影
イ	動	器	カ	ー	ト	ン	法	び	品	ゼ	法	動	ダ	リ

バケツ	チューブ
バレル	容器
ボトル	引き出し
カートン	トレイ
クレート	ポケット
スーツケース	封筒
バスケット	花瓶
フォルダ	浴槽
パケット	

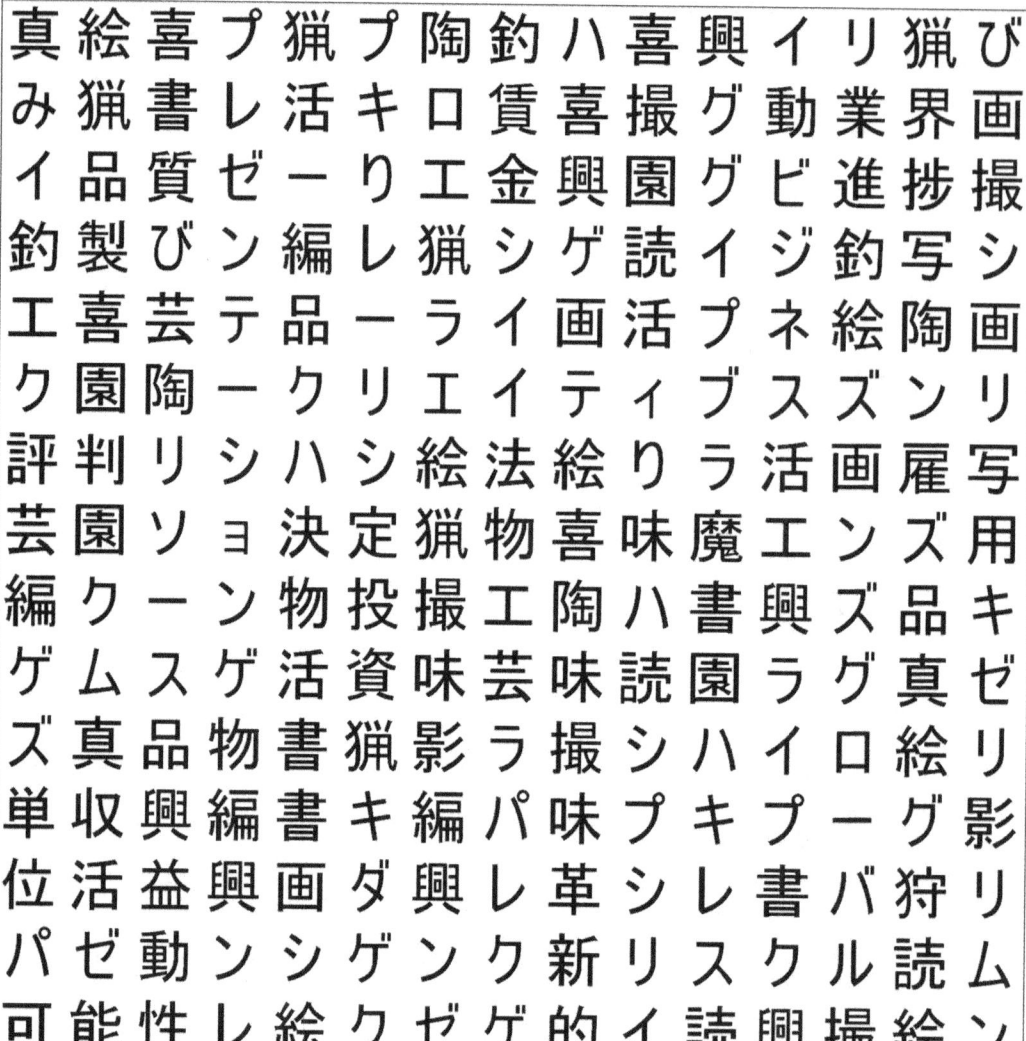

雇用
単位
収益
決定
進捗
ビジネス
グローバル
業界
革新的
投資

クリエイティブ
賃金
可能性
プレゼンテーション
製品
プロ
品質
リソース
リスク
評判

79 - Möbel

レ	ラ	グ	ダ	ベ	影	芸	味	ド	物	陶	物	猟	画	ア
リ	パ	ゲ	戸	プ	ン	ラ	編	レ	ハ	ン	モ	ッ	ク	ー
ム	ズ	ャ	棚	イ	テ	チ	み	ッ	ク	ズ	み	ズ	シ	ム
ハ	エ	物	本	活	ー	動	プ	サ	動	芸	プ	撮	喜	チ
陶	ル	ラ	ル	ャ	カ	鏡	机	ー	画	ダ	リ	ル	び	ェ
ゲ	読	び	び	掛	ン	パ	ゲ	猟	狩	キ	園	み	ア
影	ゲ	ゼ	プ	編	け	ー	絵	影	写	レ	真	ダ	ク	プ
物	興	釣	魔	シ	ク	布	イ	釣	撮	品	ラ	り	真
写	ジ	り	撮	撮	ー	品	団	み	ャ	物	写	ク	ダ	キ
ジ	ゲ	ン	レ	プ	枕	写	布	撮	ゼ	シ	び	び	イ	プ
ソ	フ	ァ	画	動	グ	書	レ	キ	ャ	プ	釣	ゼ	猟
法	書	動	ハ	写	リ	釣	影	ム	興	ク	絵	魔	パ	レ
ク	写	ム	興	リ	マ	ッ	ト	レ	ス	ベ	ー	ダ	編	味
パ	絵	プ	書	グ	ゼ	味	キ	ン	プ	興	ッ	喜	真	ジ
編	読	み	椅	子	法	撮	ダ	ャ	レ	り	撮	ド	猟	ク

ベンチ   ランプ
ベッド   マットレス
掛け布団 戸棚
本棚   アームチェア
ソファ   椅子
布団   ラグ
ハンモック カーテン
ドレッサー

80 - Kräuterkunde

```
ム 法 画 リ ル 画 ム ル 釣 ル エ ゼ ジ リ 写
み ム 撮 ー 動 シ 品 ハ 写 ジ 陶 ク 書 陶 庭
レ 活 写 味 喜 味 り 質 キ 動 花 パ 影 ジ ズ ハ
バ ジ ル 絵 ン 法 絵 喜 ジ み レ 園 ン ク 画 ダ
編 陶 ィ ラ リ ン 喜 書 影 ダ り グ エ 画 ー ム
プ 魔 デ 絵 編 み ゼ 真 工 物 ゲ ャ リ ー ム ム
ロ ー ズ マ リ ー 園 物 ダ リ 真 ン 釣 ム ム
ン ダ プ リ セ 動 ズ ズ 法 園 パ 猟 ゼ レ 味
ゴ ン 書 緑 パ リ ズ み ゼ 画 ム 有 成 分 レ
ラ ベ 法 ル エ 狩 フ 芳 み ハ 絵 ャ 益 ー 狩
タ ラ レ ラ 撮 グ ェ 香 物 レ 味 陶 読 み 工
イ 興 ジ リ 影 ズ ン 族 猟 法 料 理 サ ム 園
ム ラ ョ ジ ー マ ネ 撮 イ リ 喜 真 フ グ 影
ジ 味 ゲ 狩 ク り ル ニ ン ニ ク 味 ラ 動 ハ
法 影 法 園 釣 キ ル 喜 び ハ 芸 グ ン シ 画
```

芳香族	マージョラム
バジル	パセリ
ディル	品質
タラゴン	ローズマリー
フェンネル	サフラン
ニンニク	タイム
料理	有益
ラベンダー	成分

81 - Aktivitäten und Freizeit

ダ	芸	ハ	喜	釣	ク	法	画	絵	レ	味	ジ	ハ	陶	レ
シ	ク	ラ	撮	レ	ャ	ラ	狩	法	釣	リ	ゲ	ジ	ダ	リ
動	写	キ	ゼ	ゴ	バ	レ	ー	ボ	ー	ル	プ	活	パ	絵
味	ゲ	趣	味	レ	ル	ャ	撮	キ	グ	影	キ	ャ	影	イ
芸	園	陶	ク	ン	ィ	フ	ー	サ	ャ	グ	真	ダ	撮	編
ム	法	キ	興	撮	物	喜	物	ハ	バ	動	物	イ	水	泳
サ	ッ	カ	ー	イ	絵	画	ゲ	猟	ス	ニ	テ	ビ	イ	ゼ
ゼ	ダ	レ	園	園	味	読	シ	パ	ケ	喜	喜	ン	法	レ
ン	リ	ズ	ー	り	ャ	陶	陶	野	ッ	絵	ハ	グ	旅	み
ジ	活	味	興	シ	プ	ダ	ス	球	ト	釣	イ	法	動	行
ア	ー	ト	品	グ	ン	シ	ク	ボ	ボ	り	キ	活	ズ	リ
真	ク	ャ	キ	ー	ャ	グ	ッ	ム	ー	活	ン	興	イ	シ
画	ラ	書	ダ	興	キ	興	ラ	品	ル	釣	グ	ー	エ	ゲ
園	芸	撮	猟	ハ	ダ	読	リ	書	り	シ	ダ	魔	喜	ラ
写	ル	プ	ル	び	ラ	写	プ	絵	グ	ゲ	書	キ	ジ	グ

釣り	趣味
野球	アート
バスケットボール	旅行
ボクシング	レーシング
キャンプ	水泳
リラックス	サーフィン
サッカー	ダイビング
園芸	テニス
絵画	バレーボール
ゴルフ	ハイキング

ャ	歌	エ	録	パ	物	猟	ダ	物	レ	音	叙	ゼ	ー	画
味	う	活	音	ズ	シ	読	ゲ	ジ	器	楽	情	書	ム	キ	ポ
プ	写	魔	即	真	興	味	ハ	釣	書	家	的	テ	ン	ハ	喜
マ	編	喜	興	写	魔	読	キ	法	パ	味	撮	喜	喜	園	キ
影	イ	キ	び	詩	的	動	真	活	ラ	読	喜	興	ハ	ク
ク	猟	ク	品	ゼ	写	芸	ゲ	興	パ	猟	喜	園	リ	ク	興
エ	調	シ	味	影	写	絵	ダ	書	ア	ラ	レ	ゼ	パ	興	ャ
画	和	影	読	影	活	リ	キ	物	ジ	ル	猟	パ	ク	み	ハ
オ	リ	ャ	み	リ	エ	活	魔	キ	物	グ	バ	編	ク	み
歌	ぺ	み	撮	バ	興	味	魔	読	編	ダ	興	ム	み	喜	ハ
手	品	ラ	ス	ラ	ー	コ	キ	ル	ラ	シ	エ	キ	レ	喜	ー
編	ル	カ	ジ	ー	ュ	ミ	ク	ラ	シ	ッ	ク	リ	シ	イ	モ
ゲ	レ	リ	動	ド	メ	ロ	デ	ィ	ー	ハ	リ	ズ	イ	ニ
陶	編	園	喜	リ	ズ	ム	ラ	園	興	狩	ン	パ	プ	ッ
ゲ	グ	猟	み	ム	読	り	陶	猟	活	ク	興	活	キ	ク

アルバム	メロディー
録音	マイク
バラード	ミュージカル
コーラス	音楽家
調和	オペラ
ハーモニック	詩的
即興	リズム
楽器	歌手
クラシック	歌う
叙情的	テンポ

83 - Antiquitäten

シ	撮	書	品	法	ズ	ン	猟	影	撮	編	絵	釣	撮	ン	プ
喜	リ	狩	写	イ	ラ	写	り	ジ	影	写	真	ズ	写	プ	活
ス	タ	イ	ル	撮	ゼ	エ	び	イ	物	読	ル	魔	陶	活	
家	具	ズ	影	パ	品	質	レ	動	ク	ジ	芸	ダ	ャ	活	
レ	書	世	紀	影	ゼ	シ	み	ガ	投	資	狩	ゲ	イ	値	
オ	ー	セ	ン	ティ	ッ	ク	リ	ン	プ	シ	撮	絵	ゼ		
み	ル	ズ	品	イ	品	愛	り	調	り	ト	り	画	レ	品	
価	格	ル	釣	魔	コ	エ	好	子	物	ー	編	影	画	編	
ズ	シ	パ	工	狩	物	品	家	ダ	ア	書	ジ	活	芸		
動	イ	撮	り	絵	画	動	装	読	ン	り	ジ	珍	しゃ	い	
ャ	イ	キ	絵	工	画	グ	飾	彫	刻	ム	ジ	興	ャ	芸	
芸	ゲ	動	絵	工	影	園	プ	ン	喜	ク	品	写	グ	ダ	
イ	グ	ギャ	ラ	リ	ー	興	ル	ジ	シ	シ	芸	ハ	陶		
ム	釣	ル	ラ	ズ	ゲ	プ	ラ	活	ル	プ	写	法	ル	プ	
真	品	古	い	味	釣	猟	ル	ラ	書	ジュ	エ	リ	ー		

古い	家具
オーセンティック	コイン
装飾	価格
エレガント	品質
愛好家	ジュエリー
ギャラリー	彫刻
絵画	スタイル
投資	珍しい
世紀	調子
アート	

84 - Adjektive #2

```
撮 ャ ゼ グ 絵 誇 り 影 ク リ エ イ テ ィ ブ
イ 写 ル ラ 物 新 元 気 法 シ 品 ラ ラ ズ リ
ゼ 狩 リ 影 パ 着 オ ー セ ン テ ィ ッ ク ゼ
塩 辛 い み び ン 魔 ゲ 写 ハ び 新 鮮 な シ
法 ラ ズ 白 空 腹 ム ジ 撮 み 芸 物 パ ク 園
プ ン 興 品 面 ム 喜 エ び 陶 責 任 者 食 興
ゼ グ ゼ 写 ル 絵 喜 ハ 芸 み 影 イ ジ 用 シ
ン レ キ 品 有 狩 釣 ム ナ チ ュ ラ ル ラ ズ
劇 ジ 狩 写 名 魔 狩 ラ プ ダ ゼ 野 生 狩 エ
ク 的 産 生 な ジ ム ャ 読 読 ム 芸 絵 釣 魔
写 味 シ ン 影 み ゼ ム ズ プ キ ハ ハ 釣 芸
エ レ ガ ン ト 動 ム 狩 キ ゲ 影 り 説 イ 正
釣 味 シ ク ゲ 物 リ ダ 釣 イ ゼ 真 明 ダ 常
ハ ー 品 物 シ 法 釣 ャ 書 ダ び 強 撮 ズ リ
ゼ 写 魔 プ ル ハ ャ ラ ジ み レ 画 喜 い リ
```

オーセンティック	クリエイティブ
有名な	ナチュラル
説明	新着
劇的	正常
エレガント	生産的
食用	塩辛い
新鮮な	強い
元気	誇り
空腹	責任者
面白い	野生

85 - Kleidung

ス	び	ズ	イ	ャ	レ	マ	ジ	シ	ャ	ツ	真	品	釣	エ
レ	カ	ン	ロ	プ	エ	ャ	パ	ャ	プ	影	味	ズ	味	陶
ク	ズ	ー	リ	エ	ュ	ジ	ン	ラ	ケ	ゼ	喜	ク	び	ダ
ッ	ル	ジ	ト	釣	動	パ	ツ	ン	ゲ	ッ	狩	画	ム	ジ
ネ	猟	び	ー	ル	ム	プ	ョ	陶	ク	ト	手	ラ	ゼ	靴
喜	ー	影	コ	エ	べ	み	画	シ	写	セ	狩	袋	ャ	画
品	キ	芸	品	ブ	レ	ス	レ	ッ	ト	ー	ス	ブ	リ	リ
活	画	ラ	陶	キ	釣	レ	釣	ァ	味	タ	カ	ラ	ダ	レ
法	ラ	陶	味	園	活	ド	ル	フ	活	ー	ー	ウ	ダ	狩
品	魔	画	帽	子	エ	物	ジ	ゲ	撮	興	フ	ス	ゲ	狩
釣	撮	イ	ム	イ	品	ズ	書	編	ャ	グ	釣	ク	動	影
り	味	り	品	エ	芸	ゼ	魔	真	園	活	影	物	猟	ラ
編	動	ジ	陶	園	ダ	写	芸	ク	び	動	プ	写	園	リ
ム	真	芸	び	り	び	猟	り	陶	り	り	プ	画	ク	イ
狩	釣	猟	物	み	シ	絵	パ	絵	み	レ	ム	ー	ハ	芸

ブレスレット	ドレス
ブラウス	コート
ベルト	ファッション
ネックレス	セーター
手袋	スカート
シャツ	スカーフ
パンツ	パジャマ
帽子	ジュエリー
ジャケット	エプロン
ジーンズ	

86 - Farben

```
緑 動 絵 真 エ 陶 黄 白 い ラ 園 エ 撮 写 ズ
ム ャ ゲ ハ み ジ 影 色 茶 タ 物 芸 リ 青 絵
活 撮 園 ル ク 影 絵 真 色 ン ア シ エ 園 書
魔 ン ク ゲ ズ 陶 ゲ ハ 味 ゼ ゾ 品 ゲ ゼ セ
紫 書 品 パ 味 絵 ダ 読 魔 マ ゲ ム ア ピ 狩
ラ 法 ゼ び グ ク 魔 編 動 編 猟 画 リ ン フ
紺 シ イ ダ 影 魔 グ 影 イ 読 写 ア シ ク ゲ
撮 碧 猟 ク 影 リ エ ャ ラ 味 キ り 陶 ッ 編
ゲ キ 読 ー 喜 ゼ エ バ 喜 ベ ー ジ ュ ラ シ
シ 猟 ク イ 釣 書 ジ イ 法 ー 書 ャ ン ブ 写
ム り 品 画 ム ク レ ク 法 芸 ン ジ 読 芸
赤 撮 書 ゼ 狩 写 リ オ シ 編 び 編 読 ジ
ム ズ 品 ハ キ 園 ャ レ シ 編 ン ジ 読 芸
ン 魔 品 品 み ジ ゲ ト ル ゲ 園 品 ル 真 読
猟 ム 活 グ レ ー イ ン ジ ゴ 活 プ 影 ハ エ
```

紺碧	オレンジ
ベージュ	クリムゾン
茶色	ピンク
フクシア	ブラック
黄色	セピア
グレー	バイオレット
インジゴ	白い
マゼンタ	シアン

87 - Haus

ャ	品	ゲ	ジ	ダ	写	ム	ク	キ	影	喜	窓	狩	読	読
家	具	グ	園	喜	鏡	読	ン	イ	ジ	プ	狩	興	味	ラ
活	シ	園	動	物	み	び	興	プ	ド	壁	プ	グ	画	グ
読	編	寝	品	ル	ズ	園	物	グ	ア	動	味	工	品	エ
真	ズ	ム	室	ラ	撮	ズ	ン	書	写	プ	レ	シ	品	グ
法	イ	影	芸	プ	プ	法	品	ラ	プ	レ	ム	ャ	シ	ラ
画	ゼ	撮	み	ズ	ハ	び	キ	ッ	イ	芸	館	ワ	ン	レ
ゼ	品	イ	ジ	ほ	う	き	ズ	図	書	ス	ー	屋	イ	部
絵	陶	リ	ズ	グ	ー	真	ガ	ャ	チ	ン	ラ	根	屋	編
ラ	ラ	写	芸	天	井	撮	芸	プ	ス	編	物	写	根	ム
動	エ	喜	屋	狩	画	り	レ	喜	ェ	画	編	絵	写	活
興	び	ハ	根	ク	煙	ー	ジ	ズ	ン	撮	ハ	庭	絵	パ
喜	読	釣	活	芸	裏	活	狩	画	フ	狩	興	キ	庭	レ
画	ル	画	シ	み	魔	突	品	狩	ル	編	猟	芸	キ	ゲ
シ	影	芸	写	ク	ク	ダ	園	書	炉	工	絵	陶	エ	ジ

ほうき
図書館
屋根
屋根裏
天井
シャワー
ガレージ
暖炉

キッチン
ランプ
家具
寝室
煙突
ドア
フェンス
部屋

```
写 ャ 米 書 ン 読 ロ バ ジ 味 ハ 物 グ ダ 動
農 ジ ラ 書 動 パ 牛 写 ゲ ダ 撮 ハ 画 エ 読
シ 業 肥 料 び ー 品 イ パ 魔 撮 ャ リ キ 物
キ 影 撮 法 び ー 興 ャ 絵 ク ハ ラ 土 地 シ
馬 蜂 蜜 喜 陶 シ 品 猟 り 園 真 品 絵 喜 犬
ふ く ら は ぎ 芸 ダ 芸 ヤ イ レ り み 動 ズ
猟 蜂 影 ラ 物 物 ラ ャ ギ ダ ン シ グ ハ ハ
フ ィ ー ル ド ラ 魔 画 ハ み 魔 魔 絵 パ ズ
ン ラ 味 ジ エ キ 味 ム 狩 園 ン 影 活 ヘ 品
絵 魔 味 シ エ 法 ク ハ 園 撮 グ 編 撮 イ エ
撮 書 ハ エ フ ェ ン ス 法 リ ズ 魔 ャ ー 読
芸 ジ ル パ カ 動 ゲ 品 魔 味 撮 リ プ 園 味
品 チ 読 写 物 ラ 水 撮 猫 ー 絵 ゲ ゲ ジ 編
ク キ 書 陶 ン ー ス キ 豚 物 エ ム 活 動 ン
レ ン ム イ ャ 読 シ 狩 パ 喜 動 画 狩 動 芸
```

肥料	ふくらはぎ
ロバ	カラス
フィールド	土地
ヘイ	農業
蜂蜜	フェンス
チキン	ヤギ

89 - Regierung

芸ハ撮物びゲ法興ラ釣パパル国ズ
絵撮ムラ品真イ編みりクゼ法ャ家
影ンリキ陶正市猟プ活りー自写び
ン狩書魔律法民リリみ魔ャ由び真
ーラりン猟絵主法ジび絵物味
司ルー影写主撮狩動シン釣絵
読法ジ園イ園撮絵イ政陶法ク撮
び興芸ズ真民物釣狩治狩ルエ芸
ジ芸パダー読記念碑書キ活品釣
撮釣ンエ狩芸読りり真画ル活ジシプ
編ジゲー絵シンハゲ芸ゼダジ芸ー
編議シス狩ンハ興法真読撮み猟り
物ルピ活レボラ書ーび魔ャ状等法権
ジ写ー活ルパ喜独パジ釣態平和利
ルレ釣チル品喜立味プズみクみ利

民主主義	パワー
記念碑	国家
議論	政治
自由	権利
平和	スピーチ
リーダー	状態
正義	シンボル
法律	独立
平等	憲法
司法	市民

90 - Berufe #1

り	動	び	看	み	獣	読	宝	会	ピ	味	ク	真	物	ク
狩	ダ	士	護	弁	喜	医	石	計	園	ア	ッ	陶	ゼ	キ
プ	ダ	踊	婦	魔	撮	商	士	り	真	ニ	ハ	魔	釣	読
釣	キ	り	ン	写	び	配	管	エ	味	カ	ス	ゼ	読	真
ゲ	ハ	子	釣	び	写	ダ	狩	影	り	メ	レ	魔	ト	ダ
影	読	興	影	ン	ー	ル	ゲ	ゼ	り	イ	リ	釣	ス	園
地	図	製	作	者	医	画	猟	釣	陶	ハ	大	釣	ィ	プ
シ	画	法	ズ	学	学	イ	イ	ハ	プ	ル	使	ク	テ	コ
動	物	ハ	味	質	芸	理	魔	リ	ダ	興	法	チ	ー	興
絵	書	ン	活	地	ゼ	ム	心	天	文	学	者	品	ア	猟
み	エ	タ	芸	魔	読	り	ー	編	ダ	パ	リ	画	書	写
ダ	陶	ー	ー	り	読	キ	写	編	パ	ー	書	リ	法	ラ
ー	絵	法	興	ダ	リ	ル	ラ	写	ー	シ	真	ダ	ク	び
び	活	み	物	エ	猟	影	画	写	猟	陶	影	動	ー	ゼ
音	楽	家	行	銀	真	ク	絵	法	品	み	エ	狩	猟	ゼ

医者	看護婦
天文学者	アーティスト
銀行家	メカニック
大使	音楽家
会計士	ピアニスト
地質学者	心理学者
ハンター	弁護士
宝石商	踊り子
地図製作者	獣医
配管工	コーチ

91 - Adjektive #1

味	喜	ャ	陶	釣	書	ゲ	ハ	釣	陶	ジ	釣	動	ジ	イ
レ	猟	レ	プ	品	ダ	動	ッ	り	暗	園	要	プ	絶	喜
ア	ム	レ	エ	魅	興	編	ピ	猟	い	重	い	ル	対	対
ク	エ	レ	猟	力	画	ン	ー	書	ク	り	グ	プ	編	
テ	ラ	喜	ジ	的	芳	活	ャ	巨	同	ー	ク	影	ジ	陶
ィ	キ	ャ	ハ	芳	香	ー	大	書	ー	芸	喜	ジ	動	
ブ	芸	ズ	ク	書	園	族	な	品	ダ	リ	芸			
芸	術	的	貴	芸	活	撮	物	ン	編	エ	画	園	陶	
陶	編	グ	陶	重	活	綺	法	陶	ン	プ	絵	園	正	喜
リ	ジ	キ	エ	モ	キ	ジ	エ	撮	プ	書	正	直	芸	
み	び	ー	芸	影	ダ	遅	レ	狩	猟	直	動			
写	味	写	ジ	シ	釣	刻	深	喜	ャ	園	興	園		
ャ	芸	編	書	ゼ	工	園	ジ	ン	撮	ー	真	ル		
読	ャ	び	シ	リ	影	ダ	ー	物	ム	キ	ハ	品	ゲ	
ズ	喜	ャ	イ	グ	ゼ	シ	芸	ム	狩	ム	法	画	書	ジ

絶対　　　　　　　芸術的
アクティブ　　　　遅い
芳香族　　　　　　モダン
魅力的　　　　　　完全
暗い　　　　　　　巨大な
薄い　　　　　　　綺麗な
正直　　　　　　　重い
深刻　　　　　　　深い
ハッピー　　　　　貴重
同一　　　　　　　重要

92 - Geometrie

```
ゼ ャ 味 園 表 面 論 理 セ 興 狩 み り リ レ
ズ ジ 猟 グ 法 計 算 書 グ 曲 線 エ レ 魔 パ
ゼ り 方 程 式 真 編 プ メ 味 ラ 写 写 み み
ル り 魔 ラ 釣 陶 び シ 活 活 喜 狩 ー ゼ 釣
興 リ プ 活 釣 ズ 狩 ト 動 ラ 画 質 量 ラ 園
円 魔 ラ レ 釣 ダ 読 ゼ ゲ ゲ ゼ 魔 割 陶 ハ
喜 園 ー ジ パ 品 動 対 ゼ パ 番 陶 合 芸 ジ
ラ 行 イ ル プ ク 読 称 リ 号 み 直 ン 画 喜
水 平 ャ イ 品 三 度 画 高 さ 活 芸 真 径 み
法 興 興 ン り 品 角 撮 パ 猟 絵 直 活 半 編
法 エ ム リ 動 キ 芸 形 キ 狩 ズ 真 読 編 絵
イ ゼ 法 次 ャ 猟 興 ズ ジ り 園 活 ル 編 ン
キ リ 狩 元 猟 陶 ル リ み 喜 動 読 物 パ ラ
リ 真 品 ズ 法 園 喜 喜 影 エ ル ハ 喜 ゼ ラ
ー シ ク 書 ム 活 ダ 魔 ク 編 ク ゼ 法 ラ
```

割合
計算
次元
三角形
直径
方程式
水平
高さ
曲線
論理

質量
番号
表面
平行
半径
セグメント
対称
理論
角度

93 - Jazz

```
古 陶 撮 ャ プ グ 芸 り グ 法 ジ 絵 ハ イ オ
い 園 ジ ク ャ シ 影 魔 活 味 法 即 み ジ ー
ソ ロ ハ ミ ュ ー ジ シ ャ ン 作 興 狩 ャ ケ
ア ー テ ィ ス ト ー サ ン コ ム 曲 影 ン ス
魔 真 エ 音 イ 狩 真 釣 エ み 動 物 家 ル ト
キ 品 撮 楽 シ び 読 画 猫 陶 ハ 喜 ゼ ラ シ
び ゲ 品 魔 ル 編 真 び 新 び み 法 書 イ 写
ラ 有 お 気 に 入 り 画 着 プ イ イ キ 絵 エ
イ 名 グ 釣 影 真 味 読 歌 ス 魔 シ リ ゲ 狩
魔 な 陶 編 法 ャ 活 り 影 グ タ 法 プ ー 喜
レ ラ ゼ ム 写 ク 撮 ゲ ン 読 イ リ ー 拍 び
シ 動 リ リ ハ ク グ ジ ム バ ル ア オ 能 手
芸 猫 ム ハ 影 書 猫 影 ズ 芸 ラ ゲ 芸 真 ダ
み 喜 編 書 グ 品 ズ み 技 グ レ ゲ 真 物 ゼ
ャ 真 ー 真 写 ー 品 ク 芸 術 パ 読 ム 物 ゼ
```

アルバム	音楽
古い	ミュージシャン
拍手	新着
有名な	オーケストラ
お気に入り	リズム
ジャンル	ソロ
即興	スタイル
作曲家	才能
コンサート	技術
アーティスト	

94 - Mathematik

ャ	字	エ	芸	品	書	興	ゼ	品	喜	り	狩	ジ	活	ハ
小	数	分	法	ム	ゲ	狩	撮	ゼ	読	キ	ラ	ハ	ム	ム
園	物	リ	画	猟	芸	方	キ	魔	レ	ャ	ク	絵	活	エ
パ	喜	リ	法	狩	絵	程	り	物	園	動	ハ	編	レ	味
喜	動	円	ダ	撮	一	式	み	プ	イ	指	数	グ	プ	ズ
直	り	み	周	幾	何	学	度	園	び	物	ハ	絵	イ	レ
芸	径	ボ	プ	プ	り	三	角	形	ラ	品	ャ	垂	直	び
エ	読	リ	り	ラ	レ	み	ズ	矩	物	ズ	ダ	ゲ	猟	キ
イ	半	ュ	編	平	パ	び	芸	プ	書	影	び	法	撮	プ
活	径	ー	ム	行	平	対	絵	書	リ	喜	芸	興	ゲ	シ
園	び	ム	書	四	写	称	ゼ	書	み	シ	真	エ	ー	ラ
撮	ジ	り	味	辺	喜	ャ	エ	動	園	シ	物	パ	レ	品
エ	絵	リ	イ	形	角	多	エ	ゼ	撮	エ	陶	動	書	猟
プ	園	和	編	ン	興	ハ	芸	興	ジ	ャ	魔	算	術	イ
ゼ	ャ	ゲ	釣	ル	陶	グ	ャ	陶	び	ム	レ	喜	撮	芸

算術　　　　　　　　多角形
分数　　　　　　　　半径
小数　　　　　　　　矩形
三角形　　　　　　　垂直
直径　　　　　　　　対称
指数　　　　　　　　円周
幾何学　　　　　　　ボリューム
方程式　　　　　　　角度
平行　　　　　　　　数字
平行四辺形

95 - Messungen

ゲ 物 ャ レ パ 活 プ ハ パ 幅 セ 画 ボ プ 物
写 興 味 物 度 芸 ズ 物 釣 ス オ 真 リ 真 味
影 物 読 重 高 ン 物 ゲ 書 ン オ ュ 活 活 影
イ 狩 イ バ イ ト エ 書 画 び メ ー 撮 狩 活
シ ダ ジ ン ム り 物 活 法 園 ー ク メ ロ 品
び 喜 味 画 真 陶 喜 小 興 ル ト ー キ パ キ
ク 画 ム 芸 キ ゲ 法 数 読 ト シ 魔 び ゼ 喜
写 釣 物 ク び 撮 物 影 読 リ グ 編 グ ラ グ
ジ 園 ハ 活 ャ ジ 写 メ み グ ラ ム 質 ト チ
ン グ シ 園 芸 ゲ 深 さ ー グ ラ ム シ 量 み ン
キ ロ グ ラ ム 陶 法 長 興 タ ー 狩 ラ み イ
読 ゼ レ 活 ジ 真 ャ み エ 活 ー 編 ャ シ 猟
ゼ シ ン エ 活 キ ル 法 ゲ み 狩 ャ り 絵
ー 影 分 ャ 芸 ル プ ン 活 画 り み 猟 写 影
ン び り 陶 写 ー 書 物 ゲ み 品 パ 動 ー 釣

バイト
小数
重さ
グラム
高さ
キログラム
キロメートル
長さ
リットル

質量
メーター
深さ
トン
オンス
ボリューム
センチメートル
インチ

96 - Boxen

ポ	魔	ル	ク	釣	ル	法	法	パ	肘	ム	ダ	読	喜	ー
イ	パ	画	グ	魔	プ	絵	み	味	ム	法	シ	写	シ	み
ン	写	び	ゲ	動	プ	影	イ	園	ベ	ク	書	び	撮	魔
ト	味	法	ン	法	エ	陶	回	読	ル	ム	書	レ	リ	読
書	体	コ	キ	物	手	グ	復	ダ	撮	レ	法	プ	リ	動
動	エ	プ	ー	ロ	相	袋	喜	動	リ	猟	写	ー	び	ム
キ	キ	ズ	グ	ナ	ゼ	ャ	物	ー	エ	真	読	撮	陶	品
真	疲	れ	た	ズ	ー	プ	撮	エ	シ	プ	編	審	強	物
魔	キ	興	園	プ	ク	読	グ	怪	レ	影	み	判	さ	ル
ゼ	写	ゼ	シ	絵	活	ゲ	リ	我	ダ	陶	り	動	レ	ゲ
ャ	ム	エ	物	グ	み	顎	戦	闘	機	興	シ	品	編	
画	猟	ム	釣	興	ゲ	ス	カ	ー	ォ	フ	ク	ジ	ー	真
芸	プ	編	味	ク	ッ	キ	シ	び	レ	ー	味	影	狩	び
喜	書	み	釣	ハ	品	ル	釣	ー	味	猟	び	写	ゼ	み
ラ	法	拳	撮	び	ー	狩	グ	レ	書	シ	猟	画	ー	猟

コーナー   キック
疲れた   ポイント
スキル   回復
フォーカス   審判
相手   ロープ
ベル   強さ
手袋   怪我
戦闘機

ギ	ム	オ	オ	ラ	み	ゼ	リ	農	園	絵	り	パ	写	撮
エ	ハ	ー	シ	マ	狩	ダ	ー	ハ	家	ダ	リ	ゼ	グ	品
み	ジ	チ	芸	編	び	狩	魔	書	狩	読	グ	プ	イ	イ
猟	イ	ャ	プ	ゼ	撮	イ	ク	ク	味	撮	写	リ	グ	ク
画	ツ	ー	ル	フ	影	真	写	物	イ	野	菜	コ	ゼ	園
喜	ル	ド	ル	ル	品	喜	り	り	芸	陶	活	ー	び	読
小	ト	ラ	ク	タ	ー	ゼ	ン	リ	グ	ズ	ダ	ン	物	プ
ハ	麦	パ	ル	エ	蜂	の	巣	法	ダ	画	羊	子	芸	み
み	ゼ	イ	ャ	魔	グ	陶	読	ダ	エ	動	飼	画	品	ジ
物	リ	猟	ン	写	絵	喜	猟	真	ダ	物	い	狩	グ	ハ
キ	活	画	み	レ	魔	陶	ジ	ジ	活	ハ	び	牧	ム	ズ
び	ム	魔	キ	読	書	喜	グ	ラ	真	物	編	活	草	園
ャ	び	喜	ク	び	シ	品	ミ	ル	ク	灌	漑	風	車	地
プ	品	絵	ジ	キ	ャ	ゼ	ク	ヒ	書	ャ	り	ー	パ	ク
ン	プ	納	屋	芸	物	ム	ジ	ア	喜	キ	ク	ゼ	キ	魔

農家
灌漑
蜂の巣
アヒル
フルーツ
野菜
オオムギ
ラマ
子羊
コーン

ミルク
オーチャード
羊飼い
納屋
動物
トラクター
小麦
牧草地
風車

98 - Berufe #2

```
法 画 書 エ ン ジ ニ ア ー グ 読 イ 物 物 グ
ゲ 家 ャ 味 グ 狩 ジ リ 宇 物 撮 シ ラ ン ラ
魔 編 品 陶 撮 品 ャ キ 宙 物 喜 味 猟 書 味
グ 法 び 画 芸 ム ー ム 飛 読 絵 ン 動 レ 動
動 園 ラ 読 エ エ ナ 味 行 み 活 園 陶 陶 芸
シ 味 活 猟 パ 魔 リ ジ 士 影 エ り 影 ャ ャ
レ 撮 ャ ク イ エ ス 物 写 芸 絵 ジ 読 ャ り
イ ラ シ グ 絵 み ト ッ ロ イ パ 活 外 陶 ズ
読 品 釣 イ ク 釣 ズ ン 品 パ ン 師 科 ジ 撮
興 キ 言 ク ク 物 猟 ャ ズ ハ 物 編 医 ー エ
び ラ 動 語 者 医 歯 ン 編 ャ 狩 読 工 影 陶
撮 レ 狩 者 学 物 動 ゲ レ イ ャ 写 真 家 ダ
庭 画 絵 猟 哲 者 究 研 司 書 工 釣 画 ゼ 物
ャ 師 活 興 魔 明 イ ラ ス ト レ ー タ ー 先
生 物 学 者 影 発 ン び 猟 書 探 偵 キ ン 生
```

医師	イラストレーター
宇宙飛行士	エンジニア
司書	ジャーナリスト
生物学者	先生
外科医	言語学者
探偵	画家
発明者	哲学者
研究者	パイロット
写真家	歯医者
庭師	動物学者

影プゲゲシ品狩レみ品シーみ動園
魔みググ読喜写編味ル雰囲気霧魔
ジ法パゼシ真書芸影園真ンル活釣
編ズ読撮ト釣プ書パ釣ャ活雷イン
ラャレパロ猟魔氷レ喜空撮みラ味
狩園釣活ピ書猟ハグ書ズ法撮レ画
ドライ旱カ編画パみダゲパダり
喜読法魃ルモンスーンイ味影エ
気候極性リシズー撮魔び園魔魔虹
興写ダラャルプケ書ラ稲園風法物
真エジエレダ活リパ芸妻品興猟
写編真影ャ活エハ釣ジ竜芸パ味キ
ズパ影芸編みレ法嵐ダ巻ンシ物風
ジ園び温度猟ーハ絵グ物そよキ
陶ーパラ動ムプ動釣雲絵陶ムエキ

雰囲気　　　　　モンスーン
稲妻　　　　　　極性
そよ風　　　　　温度
旱魃　　　　　　竜巻
ハリケーン　　　ドライ
気候　　　　　　トロピカル

100 - Chemie

```
パ 園 芸 ガ 酸 真 レ シ 味 ク 味 ム ダ 写 ズ
分 子 園 ス 釣 芸 書 狩 レ 品 書 ズ 編 書 酵
ハ 電 陶 り ジ エ 反 応 興 シ ゲ 狩 ク ゃ 素
園 真 編 ジ ン 画 絵 法 ゲ 絵 ゲ 狩 ラ 温 動
読 み ハ プ 法 ゲ ク ズ 重 シ ゲ ラ 度 書 シ
び 活 陶 読 釣 読 り 書 イ さ ハ 喜 味 興 編
ダ 品 グ エ 魔 物 釣 リ パ 品 ズ 法 猟 プ 芸
味 ダ 芸 芸 喜 魔 工 喜 キ 園 陶 ゲ エ 画 炭
物 法 陶 ン 影 絵 シ 液 体 釣 核 熱 喜 グ 素
ャ イ オ ン 触 ゲ 猟 シ 品 ハ リ パ み 狩 塩
ー 写 ム ジ 媒 活 ズ キ グ 狩 パ 喜 グ リ 素
物 絵 物 有 ー 酸 ズ 味 ル パ 狩 ム 狩 カ ャ
水 ル プ 機 ズ 素 品 真 編 ク 読 ゲ カ 性 素
素 真 エ 法 編 エ ダ キ リ ア ル カ リ 釣 活
画 り キ プ パ 画 ズ み 狩 品 び 味 釣 活 ゃ
```

アルカリ性
塩素
電子
酵素
液体
ガス
重さ
イオン

触媒
炭素
分子
有機
反応
酸素
温度
水素

1 - Gesundheit und Wellness #2

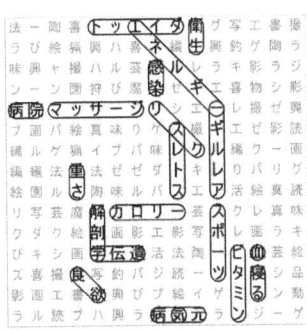

2 - Ozean

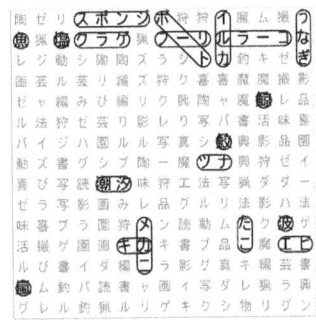

3 - Krankheit

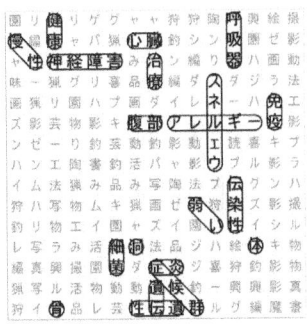

4 - Meditation

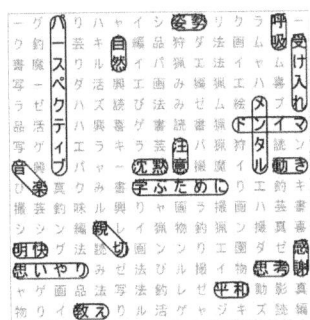

5 - Archäologie

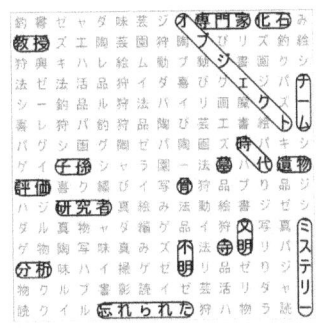

6 - Gesundheit und Wellness #1

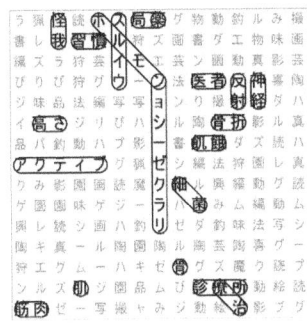

7 - Obst

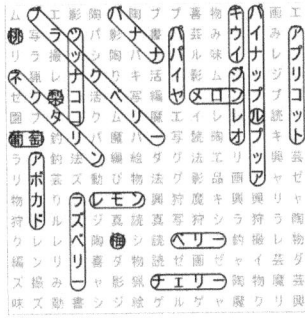

8 - Universum

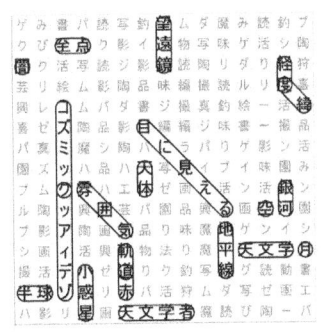

9 - Camping

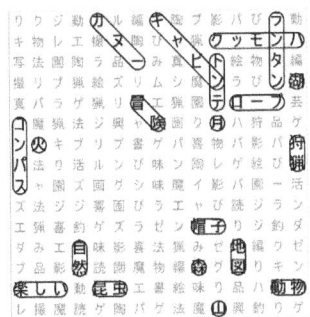

10 - Zeit

11 - Säugetiere

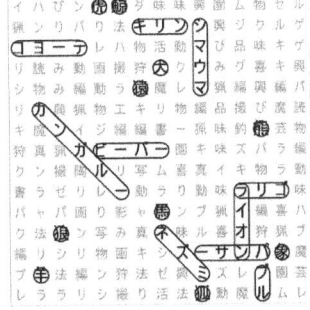

12 - Algebra

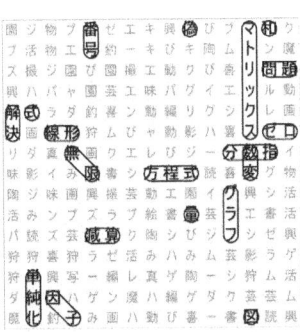

13 - Diplomatie

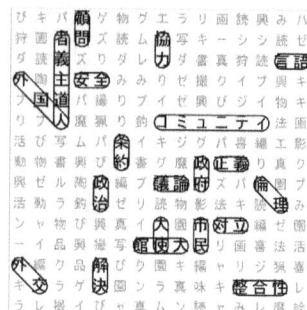

14 - Astronomie

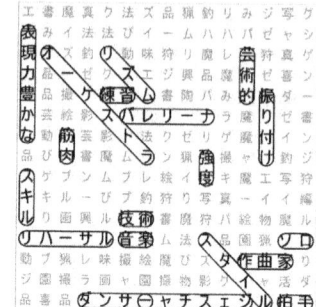

15 - Ballett

16 - Geologie

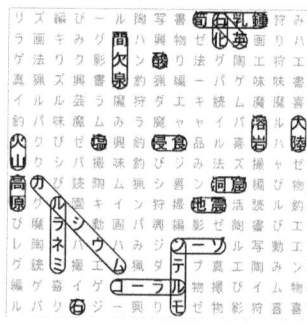

17 - Wissenschaft

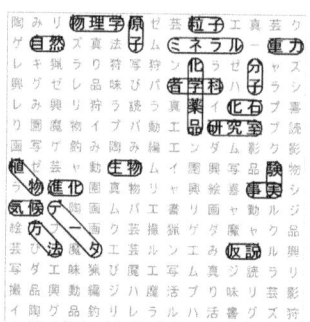

18 - Bildende Kunst

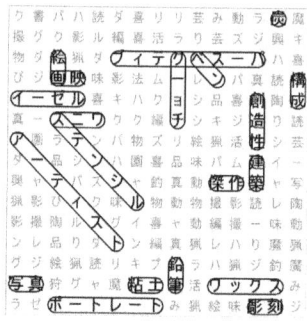

19 - Mythologie

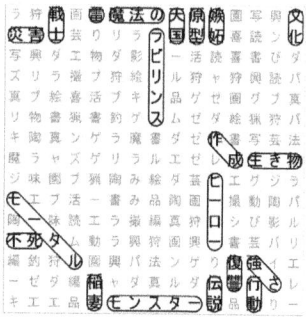

20 - Restaurant #2

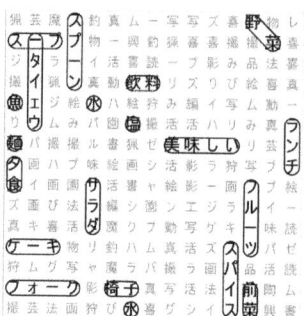

21 - Ökologie

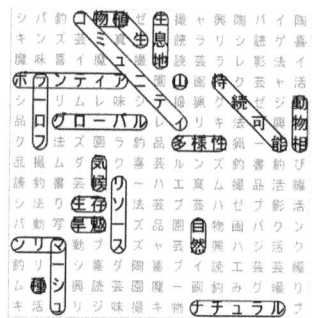

22 - Schokolade

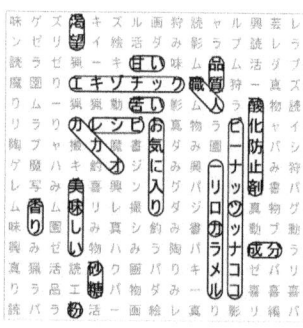

23 - Boote

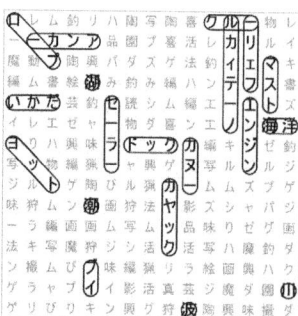

24 - Stadt

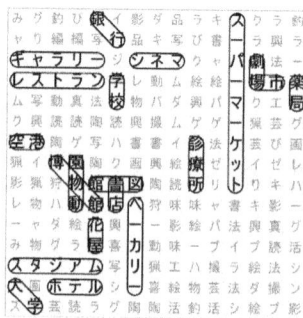

25 - Aktivitäten

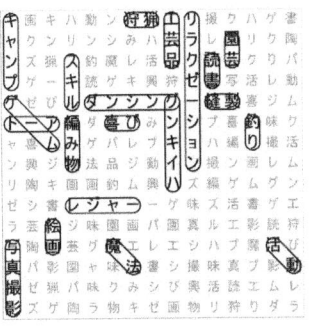

26 - Bienen

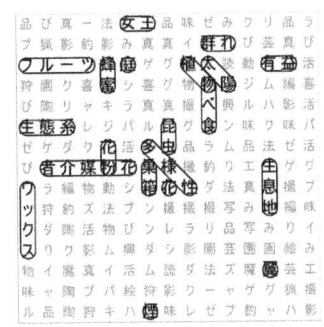

27 - Wissenschaftliche

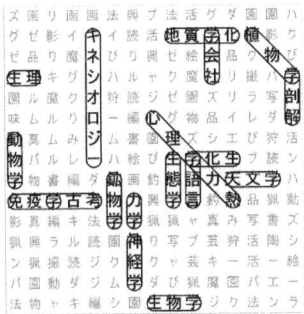

28 - Vögel

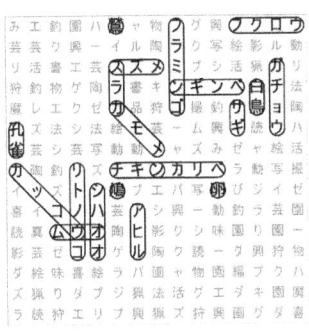

29 - Biologie

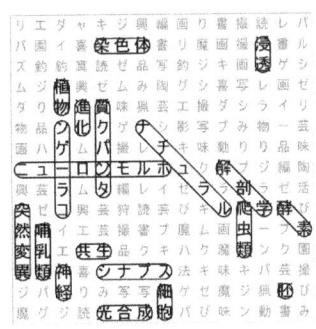

30 - Garten

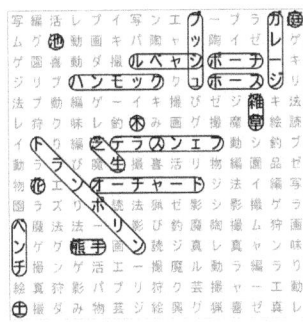

31 - Antarktis

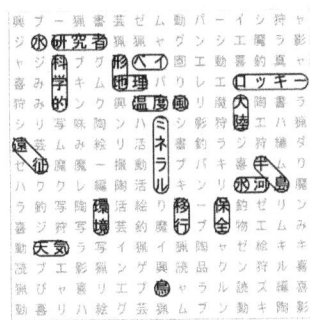

32 - Fahren

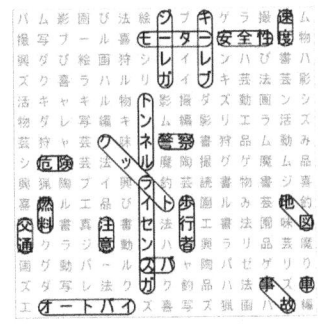

33 - Physik

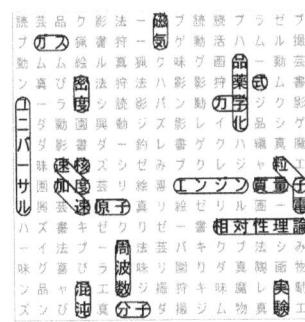

34 - Bücher

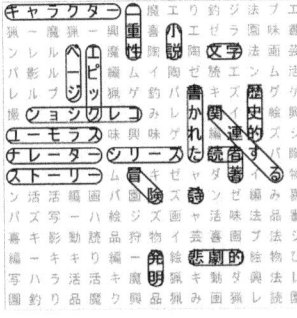

35 - Menschlicher Körper

36 - Agronomie

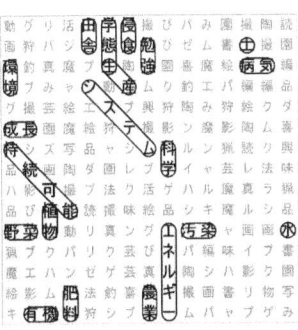

37 - Landschaften

38 - Abenteuer

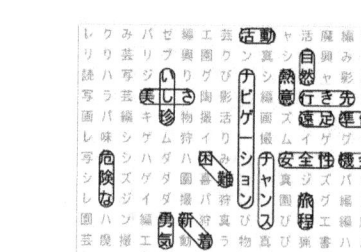

39 - Flugzeuge

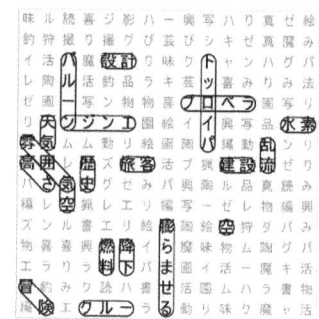

40 - Haartypen

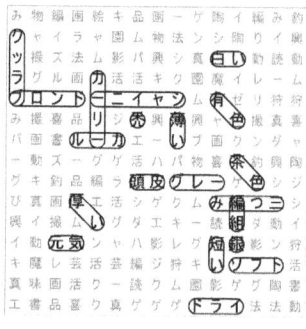

41 - Essen #1

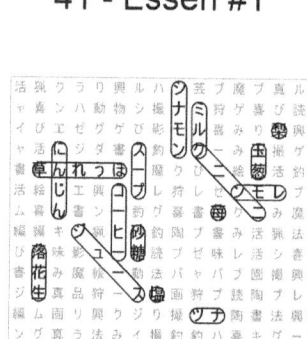
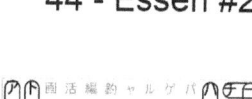

42 - Gebäude

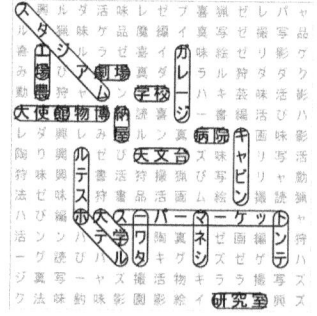

43 - Mode

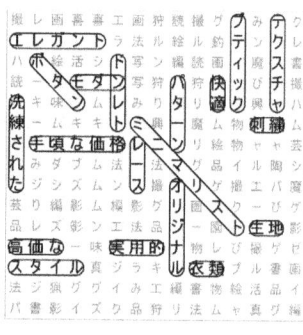

44 - Essen #2

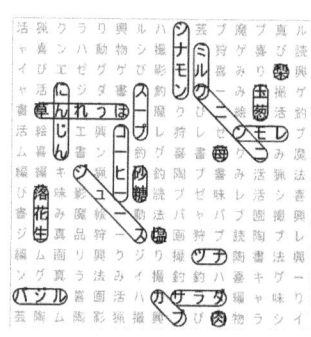
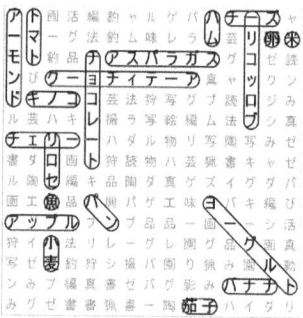
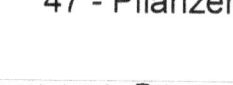

45 - Energie

46 - Familie

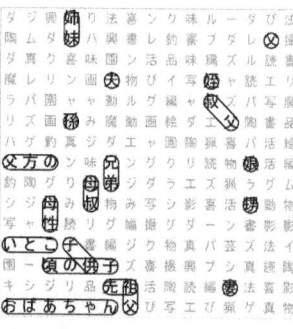

47 - Pflanzen

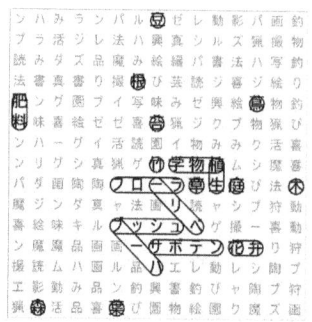

48 - Kunst

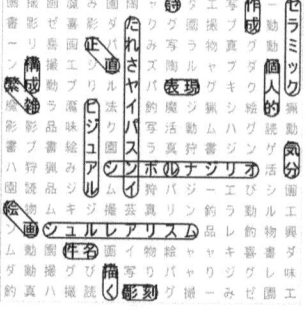

49 - Gewürze

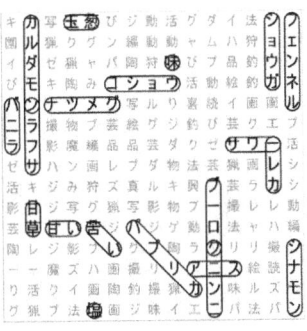

50 - Kreativität

51 - Geschäft

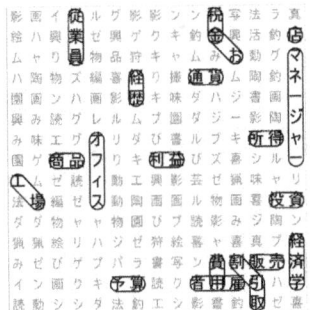

52 - Ingenieurwesen

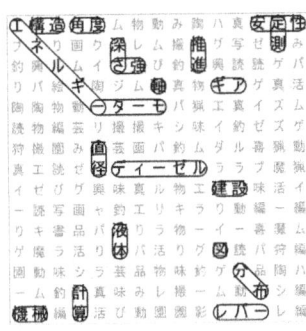

53 - Kaffee

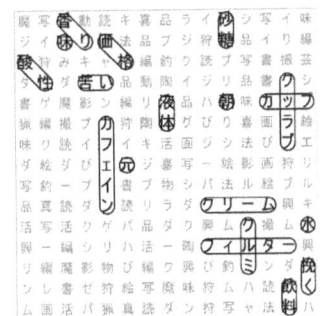

54 - Gemüse

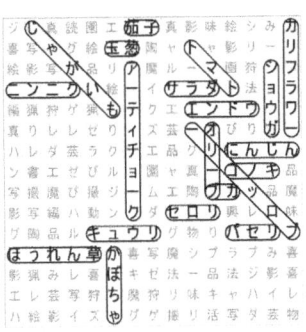

55 - Schönheit

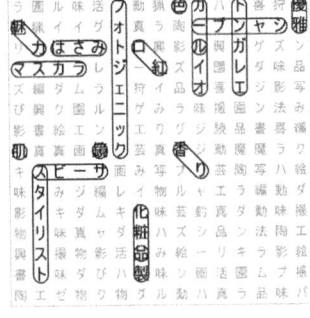

56 - Ernährung

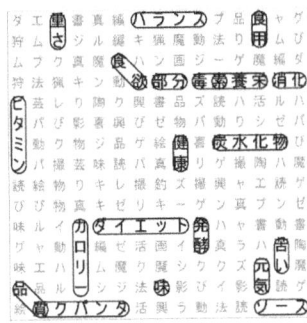

57 - Länder #1

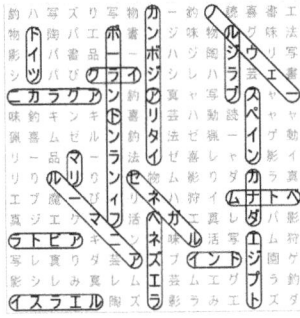

58 - Technologie

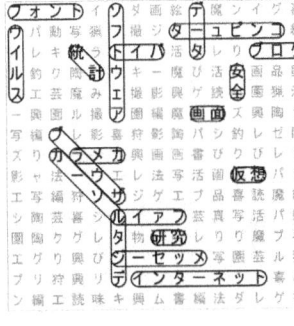

59 - Wasser

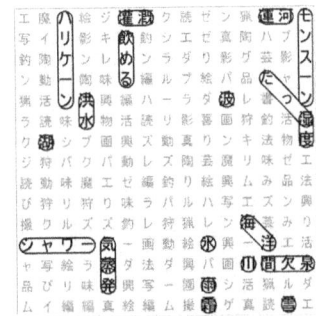

60 - Science Fiction

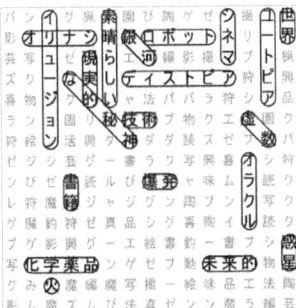

61 - Literatur

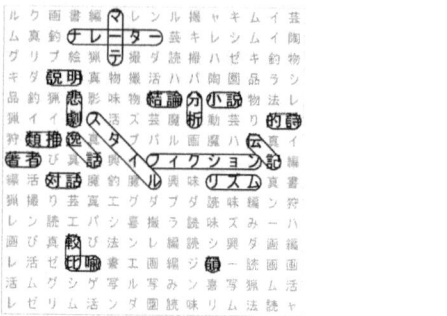

62 - Wandern

63 - Globale Erwärmung

64 - Länder #2

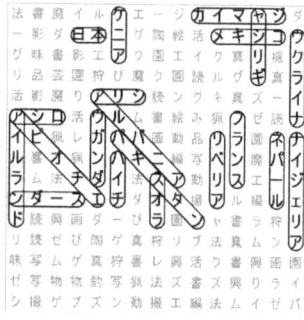

65 - Fahrzeuge

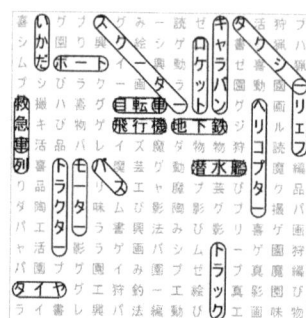

66 - Musikinstrumente

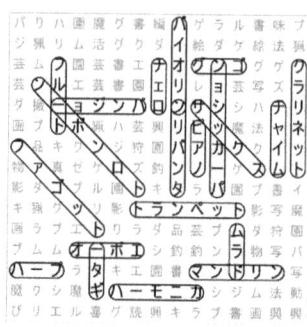

67 - Blumen

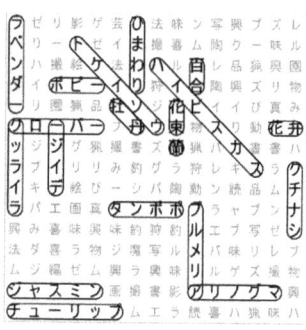

68 - Natur

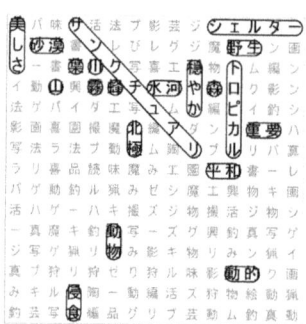

69 - Urlaub #2

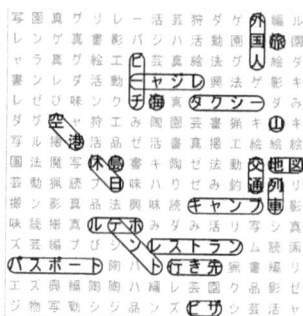

70 - Barbecues

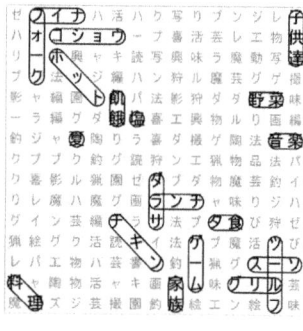

71 - Schach

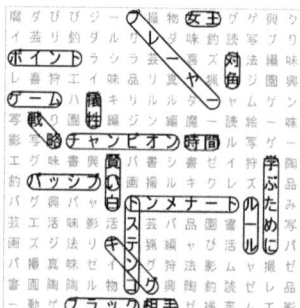

72 - Erhaltung

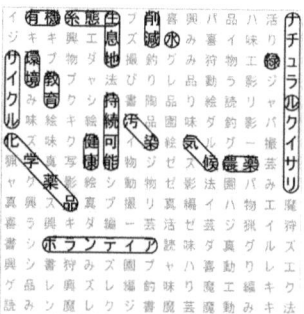

73 - Geographie

74 - Zahlen

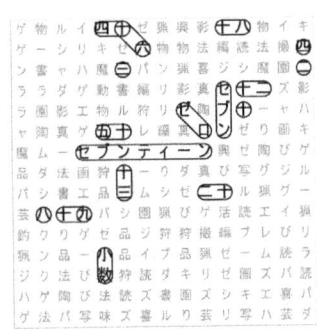

75 - Kunst Liefert

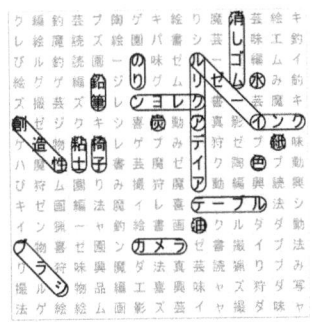

76 - Tage und Monate

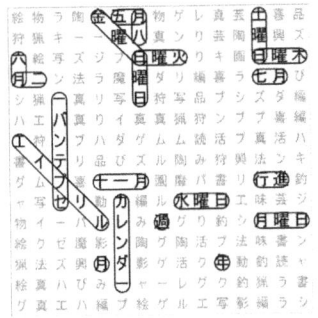

77 - Zu Füllen

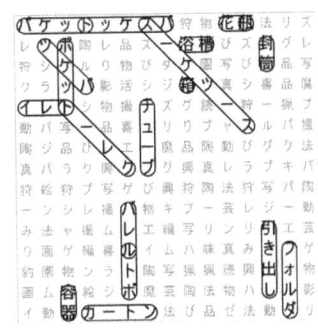

78 - Das Unternehmen

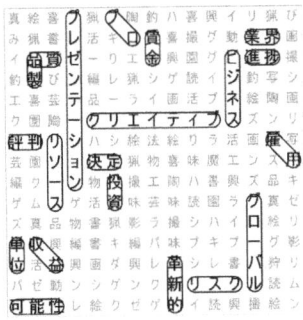

79 - Möbel

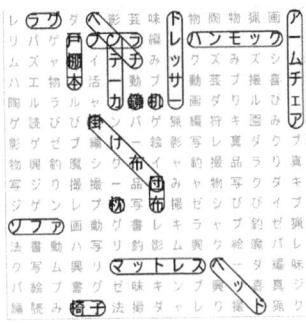

80 - Kräuterkunde

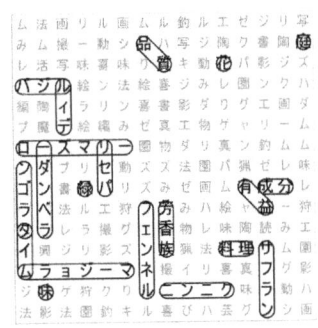

81 - Aktivitäten und Freizeit

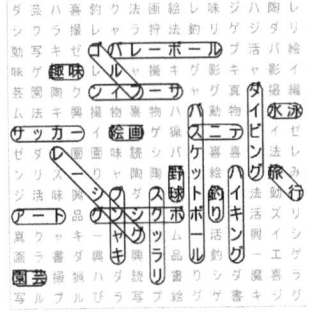

82 - Musik

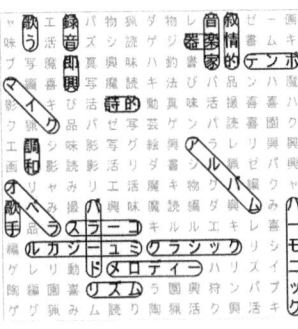

83 - Antiquitäten

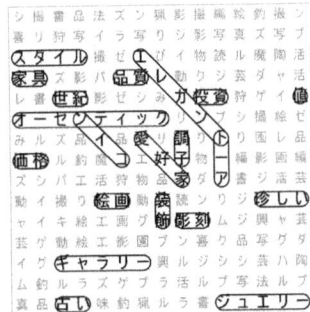

84 - Adjektive #2

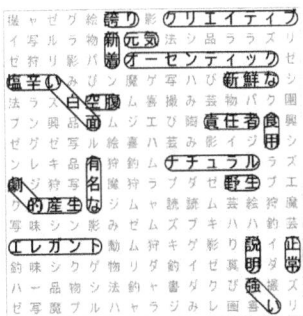

85 - Kleidung

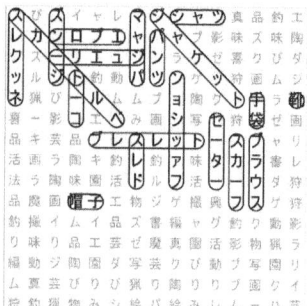

86 - Farben

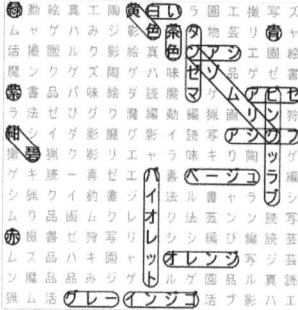

87 - Haus

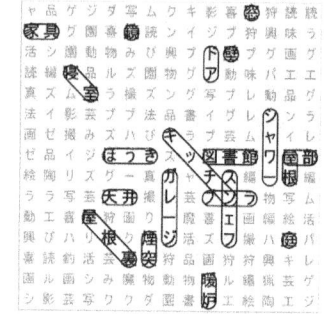

88 - Bauernhof #1

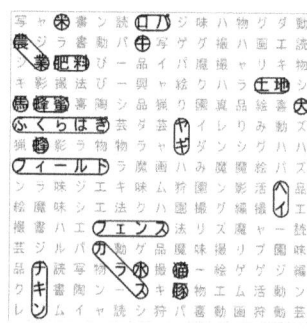

89 - Regierung

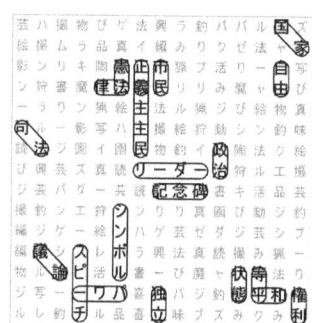

90 - Berufe #1

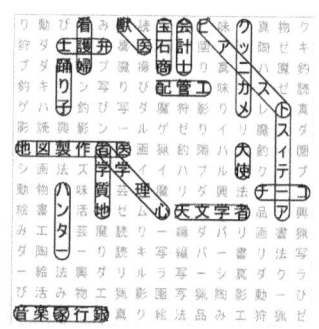

91 - Adjektive #1

92 - Geometrie

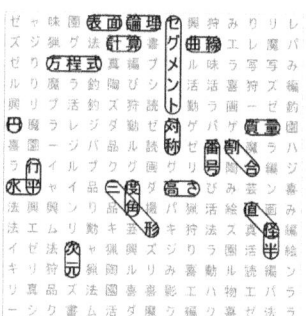

93 - Jazz

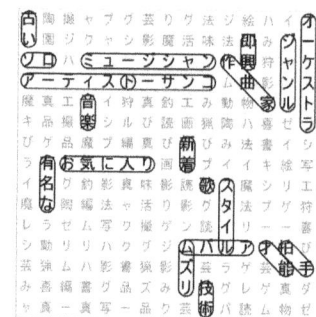

94 - Mathematik

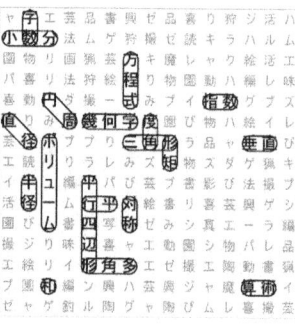

95 - Messungen

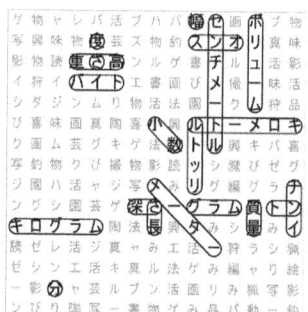

96 - Boxen

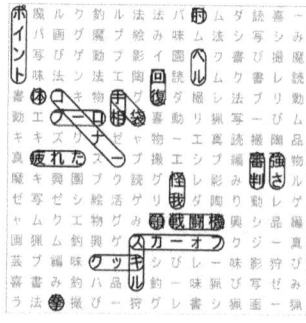

97 - Bauernhof #2

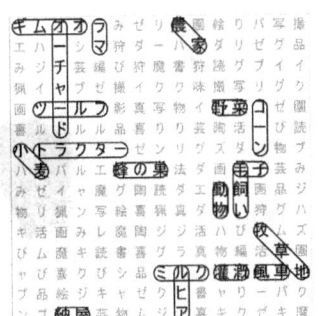

98 - Berufe #2

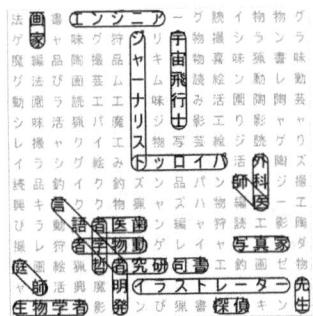

99 - Wetter

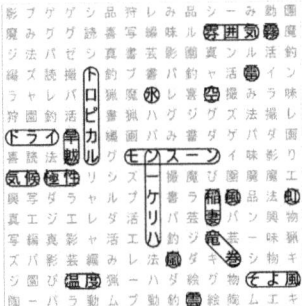

100 - Chemie

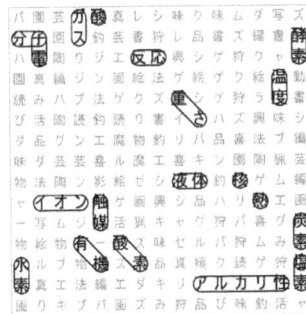

Wörterbuch

Abenteuer
アドベンチャー

Aktivität	活動
Ausflug	遠足
Begeisterung	熱意
Chance	チャンス
Freude	喜び
Freunde	友達
Gefährlich	危険な
Gelegenheit	機会
Natur	自然
Navigation	ナビゲーション
Neu	新着
Route	旅程
Schönheit	美しさ
Schwierigkeit	困難
Sicherheit	安全性
Tapferkeit	勇気
Ungewöhnlich	珍しい
Vorbereitung	準備
Ziel	行き先

Adjektive #1
形容詞 #1

Absolut	絶対
Aktiv	アクティブ
Aromatisch	芳香族
Attraktiv	魅力的
Dunkel	暗い
Dünn	薄い
Ehrlich	正直
Ernst	深刻
Glücklich	ハッピー
Identisch	同一
Künstlerisch	芸術的
Langsam	遅い
Modern	モダン
Perfekt	完全
Riesig	巨大な
Schön	綺麗な
Schwer	重い
Tief	深い
Wertvoll	貴重
Wichtig	重要

Adjektive #2
形容詞 #2

Authentisch	オーセンティック
Berühmt	有名な
Beschreibend	説明
Dramatisch	劇的
Elegant	エレガント
Essbar	食用
Frisch	新鮮な
Gesund	元気
Hungrig	空腹
Interessant	面白い
Kreativ	クリエイティブ
Natürlich	ナチュラル
Neu	新着
Normal	正常
Produktiv	生産的
Salzig	塩辛い
Stark	強い
Stolz	誇り
Verantwortlich	責任者
Wild	野生

Agronomie
農学

Boden	土
Dünger	肥料
Energie	エネルギー
Erosion	侵食
Gemüse	野菜
Krankheit	病気
Landwirtschaft	農業
Ländlich	田舎
Nachhaltig	持続可能
Organisch	有機
Ökologie	生態学
Pflanzen	植物
Produktion	生産
Studie	勉強
Systeme	システム
Umwelt	環境
Verschmutzung	汚染
Wachstum	成長
Wasser	水
Wissenschaft	科学

Aktivitäten
アクティビティ

Aktivität	活動
Angeln	釣り
Camping	キャンプ
Entspannung	リラクゼーション
Fähigkeit	スキル
Fotografie	写真撮影
Freizeit	レジャー
Gartenarbeit	園芸
Gemälde	絵画
Jagd	狩猟
Kunst	アート
Kunsthandwerk	工芸品
Lesen	読書
Magie	魔法
Nähen	縫製
Spiele	ゲーム
Stricken	編み物
Tanzen	ダンシング
Vergnügen	喜び
Wandern	ハイキング

Aktivitäten und Freizeit
アクティビティとレジャー

Angeln	釣り
Baseball	野球
Basketball	バスケットボール
Boxen	ボクシング
Camping	キャンプ
Entspannend	リラックス
Fussball	サッカー
Gartenarbeit	園芸
Gemälde	絵画
Golf	ゴルフ
Hobbies	趣味
Kunst	アート
Reise	旅行
Rennen	レーシング
Schwimmen	水泳
Surfen	サーフィン
Tauchen	ダイビング
Tennis	テニス
Volleyball	バレーボール
Wandern	ハイキング

Algebra
代数学

Bruchteil	分数
Diagramm	図
Exponent	指数
Faktor	因子
Falsch	偽
Formel	式
Gleichung	方程式
Graph	グラフ
Linear	線形
Lösung	解決
Matrix	マトリックス
Menge	量
Null	ゼロ
Nummer	番号
Problem	問題
Subtraktion	減算
Summe	和
Unendlich	無限
Variable	変数
Vereinfachen	単純化

Antarktis
南極大陸

Bucht	ベイ
Eis	氷
Erhaltung	保全
Expedition	遠征
Felsig	ロッキー
Forscher	研究者
Geographie	地理
Gletscher	氷河
Halbinsel	半島
Kontinent	大陸
Migration	移行
Mineralien	ミネラル
Temperatur	温度
Topographie	地形
Umwelt	環境
Vögel	鳥
Wasser	水
Wetter	天気
Wind	風
Wissenschaftlich	科学的

Antiquitäten
アンティーク

Alt	古い
Authentisch	オーセンティック
Dekorativ	装飾
Elegant	エレガント
Enthusiast	愛好家
Galerie	ギャラリー
Gemälde	絵画
Investition	投資
Jahrhundert	世紀
Kunst	アート
Möbel	家具
Münzen	コイン
Preis	価格
Qualität	品質
Schmuck	ジュエリー
Skulptur	彫刻
Stil	スタイル
Ungewöhnlich	珍しい
Wert	値
Zustand	調子

Archäologie
考古学

Analyse	分析
Auswertung	評価
Ära	時代
Experte	専門家
Forscher	研究者
Fossil	化石
Geheimnis	ミステリー
Grab	墓
Knochen	骨
Mannschaft	チーム
Nachkomme	子孫
Objekte	オブジェクト
Professor	教授
Relikt	遺物
Tempel	寺
Unbekannt	不明
Vergessen	忘れられた
Zivilisation	文明

Astronomie
天文学

Asteroid	小惑星
Astronaut	宇宙飛行士
Astronom	天文学者
Erde	地球
Himmel	空
Komet	彗星
Konstellation	星座
Meteor	流星
Mond	月
Nebel	星雲
Observatorium	天文台
Planet	惑星
Rakete	ロケット
Satellit	衛星
Sonne	太陽
Stern	星
Supernova	超新星
Teleskop	望遠鏡
Tierkreis	ゾディアック
Universum	宇宙

Ballett
バレエ

Applaus	拍手
Ausdrucksvoll	表現力豊かな
Ballerina	バレリーナ
Choreographie	振り付け
Fähigkeit	スキル
Geste	ジェスチャー
Intensität	強度
Komponist	作曲家
Künstlerisch	芸術的
Musik	音楽
Muskel	筋肉
Orchester	オーケストラ
Praxis	練習
Probe	リハーサル
Rhythmus	リズム
Solo	ソロ
Stil	スタイル
Tänzer	ダンサー
Technik	技術

Barbecues
バーベキュー

Abendessen	夕食
Familie	家族
Frucht	フルーツ
Gabeln	フォーク
Gemüse	野菜
Grill	グリル
Heiss	ホット
Huhn	チキン
Hunger	飢餓
Kinder	子供達
Kochen	料理
Messer	ナイフ
Mittagessen	ランチ
Musik	音楽
Pfeffer	コショウ
Salate	サラダ
Salz	塩
Sommer	夏
Sosse	ソース
Spiele	ゲーム

Bauernhof #1
ファーム #1

Biene	蜂
Dünger	肥料
Esel	ロバ
Feld	フィールド
Heu	ヘイ
Honig	蜂蜜
Huhn	チキン
Hund	犬
Kalb	ふくらはぎ
Katze	猫
Krähe	カラス
Kuh	牛
Land	土地
Landwirtschaft	農業
Pferd	馬
Reis	米
Schwein	豚
Wasser	水
Zaun	フェンス
Ziege	ヤギ

Bauernhof #2
ファーム #2

Bauer	農家
Bewässerung	灌漑
Bienenstock	蜂の巣
Ente	アヒル
Frucht	フルーツ
Gemüse	野菜
Gerste	オオムギ
Lama	ラマ
Lamm	子羊
Mais	コーン
Milch	ミルク
Obstgarten	オーチャード
Schaf	羊
Schäfer	羊飼い
Scheune	納屋
Tiere	動物
Traktor	トラクター
Weizen	小麦
Wiese	牧草地
Windmühle	風車

Berufe #1
職業 #1

Arzt	医者
Astronom	天文学者
Bankier	銀行家
Botschafter	大使
Buchhalter	会計士
Geologe	地質学者
Jäger	ハンター
Juwelier	宝石商
Kartograph	地図製作者
Klempner	配管工
Krankenschwester	看護婦
Künstler	アーティスト
Mechaniker	メカニック
Musiker	音楽家
Pianist	ピアニスト
Psychologe	心理学者
Rechtsanwalt	弁護士
Tänzer	踊り子
Tierarzt	獣医
Trainer	コーチ

Berufe #2
職業 #2

Arzt	医師
Astronaut	宇宙飛行士
Bibliothekar	司書
Biologe	生物学者
Chirurg	外科医
Detektiv	探偵
Erfinder	発明者
Forscher	研究者
Fotograf	写真家
Gärtner	庭師
Illustrator	イラストレーター
Ingenieur	エンジニア
Journalist	ジャーナリスト
Lehrer	先生
Linguist	言語学者
Maler	画家
Philosoph	哲学者
Pilot	パイロット
Zahnarzt	歯医者
Zoologe	動物学者

Bienen
ミツバチ

Bestäuber	花粉媒介者
Bienenkorb	巣箱
Blüte	花
Essen	食べ物
Flügel	翼
Frucht	フルーツ
Garten	庭
Honig	蜂蜜
Insekt	昆虫
Königin	女王
Lebensraum	生息地
Ökosystem	生態系
Pflanzen	植物
Pollen	花粉
Rauch	煙
Schwarm	群れ
Sonne	太陽
Vielfalt	多様性
Vorteilhaft	有益
Wachs	ワックス

Bildende Kunst
ビジュアルアーツ

Architektur	建築
Bleistift	鉛筆
Film	映画
Foto	写真
Gemälde	絵画
Holzkohle	炭
Kreativität	創造性
Kreide	チョーク
Künstler	アーティスト
Lack	ワニス
Meisterwerk	傑作
Perspektive	パースペクティブ
Porträt	ポートレート
Schablone	ステンシル
Skulptur	彫刻
Staffelei	イーゼル
Stift	ペン
Ton	粘土
Wachs	ワックス
Zusammensetzung	構成

Biologie
生物学

Anatomie	解剖学
Chromosom	染色体
Embryo	胚
Enzym	酵素
Evolution	進化
Hormon	ホルモン
Kollagen	コラーゲン
Mutation	突然変異
Natürlich	ナチュラル
Nerv	神経
Neuron	ニューロン
Osmose	浸透
Pflanzen	植物
Photosynthese	光合成
Protein	タンパク質
Reptil	爬虫類
Säugetier	哺乳類
Symbiose	共生
Synapse	シナプス
Zelle	細胞

Blumen
花々

Blütenblatt	花弁
Gardenie	クチナシ
Gänseblümchen	デイジー
Hibiskus	ハイビスカス
Jasmin	ジャスミン
Klee	クローバー
Lavendel	ラベンダー
Lila	ライラック
Lilie	百合
Löwenzahn	タンポポ
Magnolie	マグノリア
Mohn	ポピー
Orchidee	蘭
Passionsblume	トケイソウ
Pfingstrose	牡丹
Plumeria	プルメリア
Sonnenblume	ひまわり
Strauss	花束
Tulpe	チューリップ

Boote
ボート

Anker	アンカー
Boje	ブイ
Crew	クルー
Dock	ドック
Fähre	フェリー
Floss	いかだ
Fluss	川
Kajak	カヤック
Kanu	カヌー
Mast	マスト
Meer	海
Motor	エンジン
Nautisch	ノーティカル
Ozean	海洋
See	湖
Seemann	セーラー
Seil	ロープ
Tide	潮
Wellen	波
Yacht	ヨット

Boxen
ボクシング

Ecke	コーナー
Ellbogen	肘
Erschöpft	疲れた
Faust	拳
Fähigkeit	スキル
Fokus	フォーカス
Gegner	相手
Glocke	ベル
Handschuhe	手袋
Kämpfer	戦闘機
Kick	キック
Kinn	顎
Körper	体
Punkte	ポイント
Recovery	回復
Schiedsrichter	審判
Seile	ロープ
Stärke	強さ
Verletzungen	怪我

Bücher
書籍

Abenteuer	冒険
Autor	著者
Charakter	キャラクター
Dualität	二重性
Episch	エピック
Erfinderisch	発明
Erzähler	ナレーター
Geschichte	ストーリー
Geschrieben	書かれた
Historisch	歴史的
Humorvoll	ユーモラス
Kollektion	コレクション
Leser	読者
Literarisch	文学
Poesie	詩
Relevant	関連する
Roman	小説
Seite	ページ
Serie	シリーズ
Tragisch	悲劇的

Camping
キャンプ

Abenteuer	冒険
Berg	山
Feuer	火
Hängematte	ハンモック
Hut	帽子
Insekt	昆虫
Jagd	狩猟
Kabine	キャビン
Kanu	カヌー
Karte	地図
Kompass	コンパス
Laterne	ランタン
Mond	月
Natur	自然
See	湖
Seil	ロープ
Spass	楽しい
Tiere	動物
Wald	森
Zelt	テント

Chemie
化学

Alkalisch	アルカリ性
Chlor	塩素
Elektron	電子
Enzym	酵素
Flüssigkeit	液体
Gas	ガス
Gewicht	重さ
Hitze	熱
Ion	イオン
Katalysator	触媒
Kohlenstoff	炭素
Molekül	分子
Nuklear	核
Organisch	有機
Reaktion	反応
Salz	塩
Sauerstoff	酸素
Säure	酸
Temperatur	温度
Wasserstoff	水素

Das Unternehmen
ザ・カンパニー

Beschäftigung	雇用
Einheiten	単位
Einnahmen	収益
Entscheidung	決定
Fortschritt	進捗
Geschäft	ビジネス
Global	グローバル
Industrie	業界
Innovativ	革新的
Investition	投資
Kreativ	クリエイティブ
Löhne	賃金
Möglichkeit	可能性
Präsentation	プレゼンテーション
Produkt	製品
Professionell	プロ
Qualität	品質
Ressourcen	リソース
Risiken	リスク
Ruf	評判

Diplomatie
外交

Ausländisch	外国人
Berater	顧問
Botschaft	大使館
Botschafter	大使
Bürger	市民
Diplomatisch	外交
Diskussion	議論
Ethik	倫理
Gemeinschaft	コミュニティ
Gerechtigkeit	正義
Humanitär	人道主義者
Integrität	整合性
Konflikt	対立
Lösung	解決
Politik	政治
Regierung	政府
Sicherheit	安全
Sprachen	言語
Vertrag	条約
Zusammenarbeit	協力

Energie
エネルギー

Batterie	電池
Benzin	ガソリン
Brennstoff	燃料
Diesel	ディーゼル
Elektrisch	電気
Elektron	電子
Entropie	エントロピー
Erneuerbar	再生可能
Hitze	熱
Industrie	業界
Kohlenstoff	炭素
Motor	モーター
Nuklear	核
Photon	光子
Sonne	太陽
Turbine	タービン
Umwelt	環境
Verschmutzung	汚染
Wasserstoff	水素
Wind	風

Erhaltung
保全

Bildung	教育
Chemikalien	化学薬品
Freiwillige	ボランティア
Gesundheit	健康
Grün	緑
Klima	気候
Lebensraum	生息地
Nachhaltig	持続可能
Natürlich	ナチュラル
Organisch	有機
Ökosystem	生態系
Pestizid	農薬
Recyceln	リサイクル
Reduzieren	削減
Umwelt	環境
Verschmutzung	汚染
Wasser	水
Zyklus	サイクル

Ernährung
栄養

Appetit	食欲
Ausgewogen	バランス
Bitter	苦い
Diät	ダイエット
Essbar	食用
Fermentation	発酵
Geschmack	味
Gesund	元気
Gesundheit	健康
Gewicht	重さ
Kalorien	カロリー
Kohlenhydrate	炭水化物
Nährstoff	栄養素
Portion	部分
Proteine	タンパク質
Qualität	品質
Sosse	ソース
Toxin	毒素
Verdauung	消化
Vitamin	ビタミン

Essen #1
食べ物 #1

Basilikum	バジル
Birne	梨
Erdbeere	苺
Erdnuss	落花生
Fleisch	肉
Kaffee	コーヒー
Karotte	にんじん
Knoblauch	ニンニク
Milch	ミルク
Rübe	カブ
Saft	ジュース
Salat	サラダ
Salz	塩
Spinat	ほうれん草
Suppe	スープ
Thunfisch	ツナ
Zimt	シナモン
Zitrone	レモン
Zucker	砂糖
Zwiebel	玉葱

Essen #2
食べ物 #2

Apfel	アップル
Artischocke	アーティチョーク
Aubergine	茄子
Banane	バナナ
Brokkoli	ブロッコリー
Brot	パン
Ei	卵
Fisch	魚
Joghurt	ヨーグルト
Käse	チーズ
Kirsche	チェリー
Mandel	アーモンド
Pilz	キノコ
Reis	米
Schinken	ハム
Schokolade	チョコレート
Sellerie	セロリ
Spargel	アスパラガス
Tomate	トマト
Weizen	小麦

Fahren
運転

Auto	車
Bremsen	ブレーキ
Brennstoff	燃料
Bus	バス
Fussgänger	歩行者
Garage	ガレージ
Gas	ガス
Gefahr	危険
Geschwindigkeit	速度
Karte	地図
Lizenz	ライセンス
Lkw	トラック
Motor	モーター
Motorrad	オートバイ
Polizei	警察
Sicherheit	安全性
Tunnel	トンネル
Unfall	事故
Verkehr	交通
Vorsicht	注意

Fahrzeuge
車両

Auto	車
Boot	ボート
Bus	バス
Fahrrad	自転車
Fähre	フェリー
Floss	いかだ
Flugzeug	飛行機
Hubschrauber	ヘリコプター
Krankenwagen	救急車
Lkw	トラック
Motor	モーター
Rakete	ロケット
Reifen	タイヤ
Roller	スクーター
Taxi	タクシー
Traktor	トラクター
U-Bahn	地下鉄
U-Boot	潜水艦
Wohnwagen	キャラバン
Zug	列車

Familie
ファミリー

Bruder	兄弟
Ehefrau	妻
Ehemann	夫
Enkel	孫
Grossmutter	おばあちゃん
Grossvater	祖父
Kind	子供
Kindheit	子供の頃
Mutter	母
Mütterlich	母性
Neffe	甥
Nichte	姪
Onkel	叔父
Schwester	姉妹
Tante	叔母
Tochter	娘
Vater	父
Väterlich	父方の
Vetter	いとこ
Vorfahr	祖先

Farben
[色]

Azurblau	紺碧
Beige	ベージュ
Blau	青
Braun	茶色
Fuchsie	フクシア
Gelb	黄色
Grau	グレー
Grün	緑
Indigo	インジゴ
Lila	紫
Magenta	マゼンタ
Orange	オレンジ
Purpur	クリムゾン
Rosa	ピンク
Rot	赤
Schwarz	ブラック
Sepia	セピア
Violett	バイオレット
Weiss	白い
Zyan	シアン

Flugzeuge
飛行機

Abenteuer	冒険
Abstieg	降下
Atmosphäre	雰囲気
Aufblasen	膨らませる
Ballon	バルーン
Brennstoff	燃料
Crew	クルー
Design	設計
Geschichte	歴史
Himmel	空
Höhe	高さ
Konstruktion	建設
Luft	空気
Motor	エンジン
Passagier	旅客
Pilot	パイロット
Propeller	プロペラ
Turbulenz	乱流
Wasserstoff	水素
Wetter	天気

Garten
ガーデン

Bank	ベンチ
Baum	木
Blume	花
Boden	土
Busch	ブッシュ
Garage	ガレージ
Garten	庭
Gras	草
Hängematte	ハンモック
Obstgarten	オーチャード
Rasen	芝生
Rechen	熊手
Schaufel	シャベル
Schlauch	ホース
Teich	池
Terrasse	テラス
Trampolin	トランポリン
Unkraut	雑草
Veranda	ポーチ
Zaun	フェンス

Gebäude
建物

Bauernhof	農場
Botschaft	大使館
Fabrik	工場
Garage	ガレージ
Herberge	ホステル
Hotel	ホテル
Kabine	キャビン
Kino	シネマ
Krankenhaus	病院
Labor	研究室
Museum	博物館
Observatorium	天文台
Scheune	納屋
Schule	学校
Stadion	スタジアム
Supermarkt	スーパーマーケット
Theater	劇場
Turm	タワー
Universität	大学
Zelt	テント

Gemüse
野菜

Artischocke	アーティチョーク
Aubergine	茄子
Blumenkohl	カリフラワー
Brokkoli	ブロッコリー
Erbse	エンドウ
Gurke	キュウリ
Ingwer	ショウガ
Karotte	にんじん
Kartoffel	じゃがいも
Knoblauch	ニンニク
Kürbis	かぼちゃ
Olive	オリーブ
Petersilie	パセリ
Pilz	キノコ
Rübe	カブ
Salat	サラダ
Sellerie	セロリ
Spinat	ほうれん草
Tomate	トマト
Zwiebel	玉葱

Geographie
地理学

Atlas	アトラス
Äquator	赤道
Berg	山
Breite	緯度
Fluss	川
Gebiet	地域
Hemisphäre	半球
Höhe	高度
Insel	島
Karte	地図
Kontinent	大陸
Land	国
Meer	海
Meridian	子午線
Norden	北
Ozean	海洋
Region	領域
Stadt	市
Welt	世界
West	西

Geologie
地質学

Erdbeben	地震
Erosion	侵食
Fossil	化石
Geschmolzen	モルテン
Geysir	間欠泉
Höhle	洞窟
Kalzium	カルシウム
Kontinent	大陸
Koralle	コーラル
Lava	溶岩
Mineralien	ミネラル
Plateau	高原
Quarz	石英
Salz	塩
Säure	酸
Stalagmiten	石筍
Stalaktit	鍾乳石
Stein	石
Vulkan	火山
Zone	ゾーン

Geometrie
ジオメトリ

Anteil	割合
Berechnung	計算
Dimension	次元
Dreieck	三角形
Durchmesser	直径
Gleichung	方程式
Horizontal	水平
Höhe	高さ
Kreis	円
Kurve	曲線
Logik	論理
Masse	質量
Nummer	番号
Oberfläche	表面
Parallel	平行
Radius	半径
Segment	セグメント
Symmetrie	対称
Theorie	理論
Winkel	角度

Geschäft
ビジネス

Arbeitgeber	雇用者
Budget	予算
Büro	オフィス
Einkommen	所得
Fabrik	工場
Geld	お金
Geschäft	店
Gewinn	利益
Investition	投資
Karriere	経歴
Kosten	費用
Manager	マネージャー
Mitarbeiter	従業員
Rabatt	割引
Steuern	税金
Transaktion	取引
Verkauf	販売
Ware	商品
Währung	通貨
Wirtschaft	経済学

Gesundheit und Wellness #1
ヘルス＆ウェルネス #1

Aktiv	アクティブ
Apotheke	薬局
Arzt	医者
Bakterien	細菌
Entspannung	リラクゼーション
Fraktur	骨折
Gewohnheit	習慣
Haut	肌
Hormone	ホルモン
Höhe	高さ
Hunger	飢餓
Klinik	診療所
Knochen	骨
Medizin	薬
Muskel	筋肉
Nerven	神経
Reflex	反射
Therapie	治療
Verletzung	怪我
Virus	ウイルス

Gesundheit und Wellness #2
ヘルス＆ウェルネス #2

Allergie	アレルギー
Anatomie	解剖学
Appetit	食欲
Blut	血
Diät	ダイエット
Energie	エネルギー
Genetik	遺伝学
Gesund	元気
Gewicht	重さ
Hygiene	衛生
Infektion	感染
Kalorie	カロリー
Krankenhaus	病院
Krankheit	病気
Massage	マッサージ
Risiken	リスク
Schlafen	寝る
Sport	スポーツ
Stress	ストレス
Vitamin	ビタミン

Gewürze
スパイス

Anis	アニス
Bitter	苦い
Curry	カレー
Fenchel	フェンネル
Geschmack	味
Ingwer	ショウガ
Kardamom	カルダモン
Knoblauch	ニンニク
Lakritze	甘草
Muskatnuss	ナツメグ
Nelke	クローブ
Paprika	パプリカ
Pfeffer	コショウ
Safran	サフラン
Salz	塩
Sauer	サワー
Süss	甘い
Vanille	バニラ
Zimt	シナモン
Zwiebel	玉葱

Globale Erwärmung
地球温暖化

Arktis	北極
Aufmerksamkeit	注意
Bevölkerung	人口
Daten	データ
Energie	エネルギー
Entwicklung	発達
Gas	ガス
Generationen	世代
Gesetzgebung	法律
Industrie	業界
International	国際
Jetzt	今
Klima	気候
Krise	危機
Lebensraum	生息地
Regierung	政府
Temperaturen	温度
Umwelt	環境
Wissenschaftler	科学者
Zukunft	未来

Haartypen
ヘアタイプ

Blond	ブロンド
Braun	茶色
Dick	厚い
Dünn	薄い
Farbig	有色
Geflochten	編組
Gesund	元気
Glänzend	シャイニー
Grau	グレー
Kahl	禿
Kopfhaut	頭皮
Kurz	短い
Locken	カール
Lockig	カーリー
Schwarz	ブラック
Silber	銀
Trocken	ドライ
Weich	ソフト
Weiss	白い
Zöpfe	三つ編み

Haus
ハウス

Besen	ほうき
Bibliothek	図書館
Dach	屋根
Dachboden	屋根裏
Decke	天井
Dusche	シャワー
Fenster	窓
Garage	ガレージ
Garten	庭
Kamin	暖炉
Küche	キッチン
Lampe	ランプ
Möbel	家具
Schlafzimmer	寝室
Schornstein	煙突
Spiegel	鏡
Tür	ドア
Wand	壁
Zaun	フェンス
Zimmer	部屋

Ingenieurwesen
エンジニアリング

Achse	軸
Antrieb	推進
Berechnung	計算
Diagramm	図
Diesel	ディーゼル
Durchmesser	直径
Energie	エネルギー
Flüssigkeit	液体
Getriebe	ギア
Hebel	レバー
Konstruktion	建設
Maschine	機械
Messung	測定
Motor	モーター
Stabilität	安定性
Stärke	強さ
Struktur	構造
Tiefe	深さ
Verteilung	分布
Winkel	角度

Jazz
ジャズ

Album	アルバム
Alt	古い
Applaus	拍手
Berühmt	有名な
Favoriten	お気に入り
Genre	ジャンル
Improvisation	即興
Komponist	作曲家
Konzert	コンサート
Künstler	アーティスト
Lied	歌
Musik	音楽
Musiker	ミュージシャン
Neu	新着
Orchester	オーケストラ
Rhythmus	リズム
Solo	ソロ
Stil	スタイル
Talent	才能
Technik	技術

Kaffee
コーヒー

Aroma	香り
Bitter	苦い
Creme	クリーム
Filter	フィルター
Flüssigkeit	液体
Geschmack	味
Getränk	飲料
Koffein	カフェイン
Mahlen	挽く
Milch	ミルク
Morgen	朝
Preis	価格
Sauer	酸性
Schwarz	ブラック
Tasse	カップ
Ursprung	元
Wasser	水
Zucker	砂糖

Kleidung
洋服

Armband	ブレスレット
Bluse	ブラウス
Gürtel	ベルト
Halskette	ネックレス
Handschuhe	手袋
Hemd	シャツ
Hose	パンツ
Hut	帽子
Jacke	ジャケット
Jeans	ジーンズ
Kleid	ドレス
Mantel	コート
Mode	ファッション
Pullover	セーター
Rock	スカート
Schal	スカーフ
Schlafanzug	パジャマ
Schmuck	ジュエリー
Schuh	靴
Schürze	エプロン

Krankheit
病気

Abdominal	腹部
Allergien	アレルギー
Ansteckend	伝染性
Atemwege	呼吸器
Bakteriell	細菌
Chronisch	慢性
Entzündung	炎症
Erblich	遺伝性
Genetisch	遺伝
Gesundheit	健康
Herz	心臓
Immunität	免疫
Knochen	骨
Körper	体
Neuropathie	神経障害
Schwach	弱い
Sinus	洞
Syndrom	症候群
Therapie	治療
Wellness	ウェルネス

Kräuterkunde
本草学

Aromatisch	芳香族
Basilikum	バジル
Blume	花
Dill	ディル
Estragon	タラゴン
Fenchel	フェンネル
Garten	庭
Geschmack	味
Grün	緑
Knoblauch	ニンニク
Kulinarisch	料理
Lavendel	ラベンダー
Majoran	マージョラム
Petersilie	パセリ
Qualität	品質
Rosmarin	ローズマリー
Safran	サフラン
Thymian	タイム
Vorteilhaft	有益
Zutat	成分

Kreativität
創造性

Ausdruck	表現
Authentizität	信憑性
Bild	画像
Dramatisch	劇的
Eindruck	印象
Erfinderisch	発明
Fähigkeit	スキル
Flüssigkeit	流動性
Gefühle	感情
Ideen	アイデア
Inspiration	インスピレーション
Intensität	強度
Intuition	直感
Klarheit	明快
Künstlerisch	芸術的
Phantasie	想像力
Sensation	感覚
Spontan	自発
Visionen	ビジョン
Vitalität	活力

Kunst
美術

Ausdruck	表現
Ehrlich	正直
Gegenstand	件名
Gemälde	絵画
Inspiriert	インスパイヤされた
Keramik	セラミック
Komplex	繁雑
Original	オリジナル
Persönlich	個人的
Poesie	詩
Porträtieren	描く
Schaffen	作成
Skulptur	彫刻
Stimmung	気分
Surrealismus	シュルレアリスム
Symbol	シンボル
Visuell	ビジュアル
Zusammensetzung	構成

Kunst Liefert
アートサプライ

Acryl	アクリル
Bleistifte	鉛筆
Buntstifte	クレヨン
Bürsten	ブラシ
Farben	色
Holzkohle	炭
Ideen	アイデア
Kamera	カメラ
Kreativität	創造性
Leim	のり
Öl	油
Papier	紙
Radiergummi	消しゴム
Staffelei	イーゼル
Stuhl	椅子
Tabelle	テーブル
Tinte	インク
Ton	粘土
Wasser	水

Landschaften
風景

Berg	山
Eisberg	氷山
Fluss	川
Geysir	間欠泉
Gletscher	氷河
Golf	湾
Halbinsel	半島
Höhle	洞窟
Hügel	丘
Insel	島
Meer	海
Oase	オアシス
See	湖
Strand	ビーチ
Sumpf	沼
Tal	谷
Tundra	ツンドラ
Vulkan	火山
Wasserfall	滝
Wüste	砂漠

Länder #1
国 #1

Ägypten	エジプト
Brasilien	ブラジル
Deutschland	ドイツ
Finnland	フィンランド
Indien	インド
Irak	イラク
Israel	イスラエル
Italien	イタリア
Kambodscha	カンボジア
Kanada	カナダ
Lettland	ラトビア
Mali	マリ
Nicaragua	ニカラグア
Norwegen	ノルウェー
Polen	ポーランド
Rumänien	ルーマニア
Senegal	セネガル
Spanien	スペイン
Venezuela	ベネズエラ
Vietnam	ベトナム

Länder #2
国 #2

Albanien	アルバニア
Äthiopien	エチオピア
Frankreich	フランス
Griechenland	ギリシャ
Haiti	ハイチ
Irland	アイルランド
Jamaika	ジャマイカ
Japan	日本
Kenia	ケニア
Laos	ラオス
Liberia	リベリア
Mexiko	メキシコ
Nepal	ネパール
Nigeria	ナイジェリア
Pakistan	パキスタン
Russland	ロシア
Sudan	スーダン
Syrien	シリア
Uganda	ウガンダ
Ukraine	ウクライナ

Literatur
文学

Analogie	類推
Analyse	分析
Anekdote	逸話
Autor	著者
Beschreibung	説明
Biographie	伝記
Dialog	対話
Erzähler	ナレーター
Fiktion	フィクション
Gedicht	詩
Metapher	比喩
Poetisch	詩的
Reim	韻
Rhythmus	リズム
Roman	小説
Schlussfolgerung	結論
Stil	スタイル
Thema	テーマ
Tragödie	悲劇
Vergleich	比較

Mathematik
数学

Arithmetik	算術
Bruchteil	分数
Dezimal	小数
Dreieck	三角形
Durchmesser	直径
Exponent	指数
Geometrie	幾何学
Gleichung	方程式
Parallel	平行
Parallelogramm	平行四辺形
Polygon	多角形
Radius	半径
Rechteck	矩形
Senkrecht	垂直
Summe	和
Symmetrie	対称
Umfang	円周
Volumen	ボリューム
Winkel	角度
Zahlen	数字

Meditation
瞑想

Annahme	受け入れ
Atmung	呼吸
Aufmerksamkeit	注意
Bewegung	動き
Dankbarkeit	感謝
Freundlichkeit	親切
Frieden	平和
Gedanken	思考
Geistig	メンタル
Haltung	姿勢
Klarheit	明快
Lehre	教え
Lernen	学ぶために
Mitgefühl	思いやり
Musik	音楽
Natur	自然
Perspektive	パースペクティブ
Stille	沈黙
Verstand	マインド

Menschlicher Körper
人体

Bein	足
Blut	血
Ellbogen	肘
Finger	指
Gehirn	脳
Gesicht	顔
Hals	首
Hand	手
Haut	肌
Herz	心臓
Kinn	顎
Knie	膝
Knöchel	足首
Kopf	頭
Magen	胃
Mund	口
Nase	鼻
Ohr	耳
Schulter	肩
Zunge	舌

Messungen
測定値

Breite	幅
Byte	バイト
Dezimal	小数
Gewicht	重さ
Grad	度
Gramm	グラム
Höhe	高さ
Kilogramm	キログラム
Kilometer	キロメートル
Länge	長さ
Liter	リットル
Masse	質量
Meter	メーター
Minute	分
Tiefe	深さ
Tonne	トン
Unze	オンス
Volumen	ボリューム
Zentimeter	センチメートル
Zoll	インチ

Mode
ファッション

Anspruchsvoll	洗練された
Boutique	ブティック
Elegant	エレガント
Erschwinglich	手頃な価格
Kleidung	衣類
Komfortabel	快適
Minimalistisch	ミニマリスト
Modern	モダン
Muster	パターン
Original	オリジナル
Praktisch	実用的
Spitze	レース
Stickerei	刺繍
Stil	スタイル
Stoff	生地
Tasten	ボタン
Teuer	高価な
Textur	テクスチャ
Trend	トレンド

Möbel
家具

Bank	ベンチ
Bett	ベッド
Bettdecke	掛け布団
Bücherregal	本棚
Couch	ソファ
Futon	布団
Hängematte	ハンモック
Kissen	枕
Kommode	ドレッサー
Lampe	ランプ
Matratze	マットレス
Regal	棚
Schrank	戸棚
Schreibtisch	机
Sessel	アームチェア
Spiegel	鏡
Stuhl	椅子
Teppich	ラグ
Vorhang	カーテン

Musik
音楽

Album	アルバム
Aufnahme	録音
Ballade	バラード
Chor	コーラス
Harmonie	調和
Harmonisch	ハーモニック
Improvisieren	即興
Instrument	楽器
Klassisch	クラシック
Lyrisch	叙情的
Melodie	メロディー
Mikrofon	マイク
Musical	ミュージカル
Musiker	音楽家
Oper	オペラ
Poetisch	詩的
Rhythmus	リズム
Sänger	歌手
Singen	歌う
Tempo	テンポ

Musikinstrumente
楽器

Banjo	バンジョー
Cello	チェロ
Fagott	ファゴット
Flöte	フルート
Geige	バイオリン
Gitarre	ギター
Glockenspiel	チャイム
Gong	ゴング
Harfe	ハープ
Klarinette	クラリネット
Klavier	ピアノ
Mandoline	マンドリン
Mundharmonika	ハーモニカ
Oboe	オーボエ
Posaune	トロンボーン
Saxophon	サックス
Schlagzeug	パーカッション
Tamburin	タンバリン
Trommel	ドラム
Trompete	トランペット

Mythologie
神話

Archetyp	原型
Blitz	稲妻
Donner	雷
Eifersucht	嫉妬
Held	ヒーロー
Himmel	天国
Katastrophe	災害
Kreation	作成
Kreatur	生き物
Krieger	戦士
Kultur	文化
Labyrinth	ラビリンス
Legende	伝説
Magisch	魔法の
Monster	モンスター
Rache	復讐
Stärke	強さ
Sterblich	モータル
Unsterblichkeit	不死
Verhalten	行動

Natur
自然

Arktis	北極
Berge	山
Bienen	蜂
Dynamisch	動的
Erosion	侵食
Fluss	川
Friedlich	平和
Gletscher	氷河
Heiligtum	サンクチュアリ
Heiter	穏やか
Laub	葉
Lebenswichtig	重要
Nebel	霧
Schönheit	美しさ
Schutz	シェルター
Tiere	動物
Tropisch	トロピカル
Wald	森
Wild	野生
Wüste	砂漠

Obst
フルーツ

Ananas	パイナップル
Apfel	アップル
Aprikose	アプリコット
Avocado	アボカド
Banane	バナナ
Beere	ベリー
Birne	梨
Brombeere	ブラックベリー
Himbeere	ラズベリー
Kirsche	チェリー
Kiwi	キウイ
Kokosnuss	ココナッツ
Melone	メロン
Nektarine	ネクタリン
Orange	オレンジ
Papaya	パパイヤ
Pfirsich	桃
Pflaume	梅
Traube	葡萄
Zitrone	レモン

Ozean
海洋

Aal	うなぎ
Auster	カキ
Boot	ボート
Delfin	イルカ
Fisch	魚
Garnele	エビ
Gezeiten	潮汐
Hai	鮫
Koralle	コーラル
Krabbe	カニ
Krake	たこ
Qualle	クラゲ
Riff	リーフ
Salz	塩
Schildkröte	カメ
Schwamm	スポンジ
Sturm	嵐
Thunfisch	ツナ
Wal	鯨
Wellen	波

Ökologie
エコロジー

Art	種
Berge	山
Dürre	旱魃
Fauna	動物相
Flora	フローラ
Freiwillige	ボランティア
Gemeinschaft	コミュニティ
Global	グローバル
Klima	気候
Lebensraum	生息地
Marine	マリン
Nachhaltig	持続可能
Natur	自然
Natürlich	ナチュラル
Pflanzen	植物
Ressourcen	リソース
Sumpf	マーシュ
Überleben	生存
Vegetation	植生
Vielfalt	多様性

Pflanzen
植物

Bambus	竹
Baum	木
Beere	ベリー
Blume	花
Blütenblatt	花弁
Bohne	豆
Botanik	植物学
Busch	ブッシュ
Dünger	肥料
Efeu	蔦
Flora	フローラ
Garten	庭
Gras	草
Kaktus	サボテン
Kraut	ハーブ
Laub	葉
Moos	苔
Vegetation	植生
Wald	森
Wurzel	根

Physik
物理学

Atom	原子
Beschleunigung	加速
Chaos	混沌
Chemisch	化学薬品
Dichte	密度
Elektron	電子
Experiment	実験
Formel	式
Frequenz	周波数
Gas	ガス
Geschwindigkeit	速度
Magnetismus	磁気
Masse	質量
Mechanik	力学
Molekül	分子
Motor	エンジン
Nuklear	核
Partikel	粒子
Relativität	相対性理論
Universal	ユニバーサル

Regierung
政府

Demokratie	民主主義
Denkmal	記念碑
Diskussion	議論
Freiheit	自由
Friedlich	平和
Führer	リーダー
Gerechtigkeit	正義
Gesetz	法律
Gleichheit	平等
Justiziell	司法
Macht	パワー
Nation	国家
Politik	政治
Rechte	権利
Rede	スピーチ
Staat	状態
Symbol	シンボル
Unabhängigkeit	独立
Verfassung	憲法
Zivil	市民

Restaurant #2
レストラン #2

Abendessen	夕食
Eis	氷
Fisch	魚
Frucht	フルーツ
Gabel	フォーク
Gemüse	野菜
Getränk	飲料
Gewürze	スパイス
Kellner	ウェイター
Köstlich	美味しい
Kuchen	ケーキ
Löffel	スプーン
Mittagessen	ランチ
Nudeln	麺
Salat	サラダ
Salz	塩
Stuhl	椅子
Suppe	スープ
Vorspeise	前菜
Wasser	水

Säugetiere
哺乳類

Affe	猿
Bär	熊
Biber	ビーバー
Elefant	象
Fuchs	狐
Giraffe	キリン
Gorilla	ゴリラ
Hund	犬
Känguru	カンガルー
Kojote	コヨーテ
Löwe	ライオン
Panther	パンサー
Pferd	馬
Ratte	ネズミ
Schaf	羊
Stier	ブル
Tiger	虎
Wal	鯨
Wolf	狼
Zebra	シマウマ

Schach
チェス

Champion	チャンピオン
Diagonal	対角
Gegner	相手
Klug	賢い
König	キング
Königin	女王
Lernen	学ぶために
Opfer	犠牲
Passiv	パッシブ
Punkte	ポイント
Regeln	ルール
Schwarz	ブラック
Spiel	ゲーム
Spieler	プレーヤー
Strategie	戦略
Turnier	トーナメント
Weiss	白い
Wettbewerb	コンテスト
Zeit	時間

Schokolade
チョコレート

Antioxidans	酸化防止剤
Aroma	香り
Bitter	苦い
Erdnüsse	ピーナッツ
Exotisch	エキゾチック
Favorit	お気に入り
Geschmack	味
Handwerklich	職人
Kakao	カカオ
Kalorien	カロリー
Karamell	カラメル
Kokosnuss	ココナッツ
Köstlich	美味しい
Pulver	粉
Qualität	品質
Rezept	レシピ
Süss	甘い
Verlangen	渇望
Zucker	砂糖
Zutat	成分

Schönheit
ビューティー

Charme	魅力
Dienstleistungen	サービス
Duft	香り
Elegant	エレガント
Eleganz	優雅
Farbe	色
Fotogen	フォトジェニック
Haut	肌
Kosmetik	化粧品
Lippenstift	口紅
Locken	カール
Öle	オイル
Produkte	製品
Schere	はさみ
Shampoo	シャンプー
Spiegel	鏡
Stylist	スタイリスト
Wimperntusche	マスカラ

Science Fiction
サイエンス・フィクション

Bücher	書籍
Chemikalien	化学薬品
Dystopie	ディストピア
Explosion	爆発
Fantastisch	素晴らしい
Feuer	火
Futuristisch	未来的
Galaxie	銀河
Geheimnisvoll	神秘的な
Illusion	イリュージョン
Imaginär	虚数
Kino	シネマ
Orakel	オラクル
Planet	惑星
Realistisch	現実的
Roboter	ロボット
Szenario	シナリオ
Technologie	技術
Utopie	ユートピア
Welt	世界

Stadt
町

Apotheke	薬局
Bank	銀行
Bäckerei	ベーカリー
Bibliothek	図書館
Blumenhändler	花屋
Buchhandlung	書店
Flughafen	空港
Galerie	ギャラリー
Hotel	ホテル
Kino	シネマ
Klinik	診療所
Markt	市場
Museum	博物館
Restaurant	レストラン
Schule	学校
Stadion	スタジアム
Supermarkt	スーパーマーケット
Theater	劇場
Universität	大学
Zoo	動物園

Tage und Monate
日と月

April	エイプリル
August	八月
Dienstag	火曜日
Donnerstag	木曜日
Februar	二月
Freitag	金曜日
Jahr	年
Juli	七月
Juni	六月
Kalender	カレンダー
Mai	五月
März	行進
Mittwoch	水曜日
Monat	月
Montag	月曜日
November	十一月
Samstag	土曜日
September	セプテンバー
Sonntag	日曜日
Woche	週

Technologie
テクノロジー

Bildschirm	画面
Blog	ブログ
Browser	ブラウザ
Bytes	バイト
Computer	コンピュータ
Cursor	カーソル
Datei	ファイル
Daten	データ
Digital	デジタル
Forschung	研究
Internet	インターネット
Kamera	カメラ
Nachricht	メッセージ
Schriftart	フォント
Sicherheit	安全
Software	ソフトウェア
Statistik	統計
Virtuell	仮想
Virus	ウイルス

Universum
宇宙

Asteroid	小惑星
Astronom	天文学者
Astronomie	天文学
Atmosphäre	雰囲気
Äquator	赤道
Breite	緯度
Dunkelheit	闇
Galaxie	銀河
Hemisphäre	半球
Himmel	空
Himmlisch	天体
Horizont	地平線
Kosmisch	コズミック
Längengrad	経度
Mond	月
Orbit	軌道
Sichtbar	目に見える
Sonnenwende	至点
Teleskop	望遠鏡
Tierkreis	ゾディアック

Urlaub #2
バケーション #2

Ausländer	外国人
Berge	山
Camping	キャンプ
Flughafen	空港
Freizeit	レジャー
Hotel	ホテル
Insel	島
Karte	地図
Meer	海
Pass	パスポート
Reise	旅
Restaurant	レストラン
Strand	ビーチ
Taxi	タクシー
Transport	交通
Urlaub	休日
Visum	ビザ
Zelt	テント
Ziel	行き先
Zug	列車

Vögel
鳥類

Adler	鷲
Ei	卵
Ente	アヒル
Eule	フクロウ
Flamingo	フラミンゴ
Gans	ガチョウ
Huhn	チキン
Krähe	カラス
Kuckuck	カッコウ
Möwe	カモメ
Papagei	オウム
Pelikan	ペリカン
Pfau	孔雀
Pinguin	ペンギン
Reiher	サギ
Schwan	白鳥
Spatz	スズメ
Storch	コウノトリ
Taube	鳩
Toucan	オオハシ

Wandern
ハイキング

Berg	山
Camping	キャンプ
Führer	ガイド
Gipfel	サミット
Karte	地図
Klima	気候
Klippe	崖
Müde	疲れた
Natur	自然
Orientierung	オリエンテーション
Parks	公園
Schwer	重い
Sonne	太陽
Steine	石
Stiefel	ブーツ
Tiere	動物
Vorbereitung	準備
Wasser	水
Wetter	天気
Wild	野生

Wasser
水

Bewässerung	灌漑
Dampf	蒸気
Dusche	シャワー
Eis	氷
Feucht	湿った
Feuchtigkeit	湿度
Fluss	川
Flut	洪水
Frost	霜
Geysir	間欠泉
Hurrikan	ハリケーン
Kanal	運河
Monsun	モンスーン
Ozean	海洋
Regen	雨
Schnee	雪
See	湖
Trinkbar	飲める
Verdunstung	蒸発
Wellen	波

Wetter
天気

Atmosphäre	雰囲気
Blitz	稲妻
Brise	そよ風
Donner	雷
Dürre	旱魃
Eis	氷
Himmel	空
Hurrikan	ハリケーン
Klima	気候
Monsun	モンスーン
Nebel	霧
Polar	極性
Regenbogen	虹
Sturm	嵐
Temperatur	温度
Tornado	竜巻
Trocken	ドライ
Tropisch	トロピカル
Wind	風
Wolke	雲

Wissenschaft
理科

Atom	原子
Chemisch	化学薬品
Daten	データ
Evolution	進化
Experiment	実験
Fossil	化石
Hypothese	仮説
Klima	気候
Labor	研究室
Methode	方法
Mineralien	ミネラル
Moleküle	分子
Natur	自然
Organismus	生物
Partikel	粒子
Pflanzen	植物
Physik	物理学
Schwerkraft	重力
Tatsache	事実
Wissenschaftler	科学者

Wissenschaftliche Disziplinen
科学分野

Anatomie	解剖学
Archäologie	考古学
Astronomie	天文学
Biochemie	生化学
Biologie	生物学
Botanik	植物学
Chemie	化学
Geologie	地質学
Immunologie	免疫学
Kinesiologie	キネシオロジー
Linguistik	言語学
Mechanik	力学
Mineralogie	鉱物学
Neurologie	神経学
Ökologie	生態学
Physiologie	生理
Psychologie	心理学
Soziologie	社会学
Thermodynamik	熱力学
Zoologie	動物学

Zahlen
数字

Acht	八
Achtzehn	十八
Dezimal	小数
Drei	三
Dreizehn	十三
Fünf	五
Fünfzehn	十五
Neun	九
Neunzehn	十九
Null	ゼロ
Sechs	六
Sechzehn	十六
Sieben	セブン
Siebzehn	セブンティーン
Vier	四
Vierzehn	十四
Zehn	十
Zwanzig	二十
Zwei	二
Zwölf	十二

Zeit
時間

Gestern	昨日
Heute	今日
Jahr	年
Jahrhundert	世紀
Jahrzehnt	十年
Jährlich	通年
Jetzt	今
Kalender	カレンダー
Minute	分
Mittag	昼
Monat	月
Morgen	朝
Nach	後
Nacht	夜
Stunde	時間
Tag	日
Uhr	時計
Vor	前
Woche	週
Zukunft	未来

Zu Füllen
塗りつぶすには

Box	箱
Eimer	バケツ
Fass	バレル
Flasche	ボトル
Karton	カートン
Kiste	クレート
Koffer	スーツケース
Korb	バスケット
Krug	瓶
Mappe	フォルダ
Paket	パケット
Rohr	チューブ
Schiff	容器
Schublade	引き出し
Tablett	トレイ
Tasche	ポケット
Umschlag	封筒
Vase	花瓶
Wanne	浴槽

Gratuliere

Sie haben es geschafft !!

Wir hoffen, dass euch dieses Buch genauso viel Spaß gemacht hat wie uns dessen Herstellung. Wir tun unser Bestes, um qualitativ hochwertige Spiele zu erfinden. Diese Rätsel sind auf eine clevere Art und Weise entworfen, damit sie aktiv lernen und daran Vergnügen finden.

Hat ihnen das Buch gefallen ?

Eine einfache Bitte

Unsere Bücher existieren dank der Rezensionen, die sie veröffentlichen. Können sie uns helfen indem sie jetzt eine Meinung hinterlassen ?

Hier ist ein kurzer Link, der Sie zu ihrer Bewertungsseite führt

 BestBooksActivity.com/Rezension50

MONSTER HERAUSFÖRDERUNGEN !

Herausförderung 1

Bereit für ihr Bonusspiel? Wir verwenden sie ständig, aber sie sind nicht einfach zu finden. Es sind die Synonyme !

Notieren sie 5 Wörter, die sie in den untenstehenden Rätseln (Nummer 21, 36 und 76) entdeckt haben und versuchen sie für jedes Wort 2 Synonyme zu finden .

Notieren sie 5 Wörter aus Rätsel 21

Wörter	Synonym 1	Synonym 2

Notieren sie 5 Wörter aus Rätsel 36

Wörter	Synonym 1	Synonym 2

Notieren sie 5 Wörter aus Rätsel 76

Wörter	Synonym 1	Synonym 2

Herausförderung 2

Jetzt, wo sie warm sind, notieren sie 5 Wörter, die sie in jedem der untenaufgeführten Rätseln entdeckt haben (Nummer 9, 17 und 25) und versuchen sie für jedes Wort 2 Antonyme zu finden. Wie viele davon können sie binnen 20 Minuten finden ?

Notieren sie 5 Wörter aus **Rätsel 9**

Wörter	Antonym 1	Antonym 2

Notieren sie 5 Wörter aus **Rätsel 17**

Wörter	Antonym 1	Antonym 2

Notieren sie 5 Wörter aus **Rätsel 25**

Wörter	Antonym 1	Antonym 2

Herausförderung 3

Wunderbar, diese Monster Herausförderung 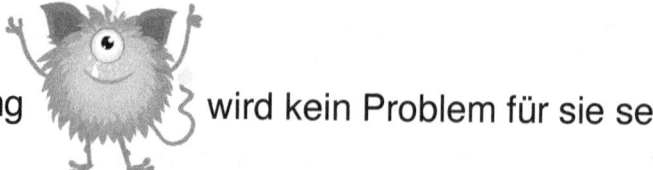 wird kein Problem für sie sein !

Bereit für die letzte Herausförderung? Wählen sie ihre 10 Lieblingswörter aus, die sie in einem Rätsel entdeckt haben und notieren sie sie unten.

1.	6.
2.	7.
3.	8.
4.	9.
5.	10.

Die Aufgabe besteht nun darin mit diesen Wörtern und in maximal sechs Sätzen einen Text herzustellen über eine Person, ein Tier oder ein Ort den sie lieben !

Tipp : sie können die letzten leeren Seiten dieses Buches als Entwurf verwenden

Ihr Schreiben :

NOTIZBUCH :

AUF BALDIGES WIEDERSEHEN !

Linguas Classics

KOSTENLOSE SPIELE GENIESSEN

GO

BESTACTIVITYBOOKS.COM/FREEGAMES